Asien
Von Traum zu Traum

Siggi Sawall

Asien
Von Traum zu Traum

Bibliografische Information der Deutschen Nationalbibliothek:
Die Deutsche Nationalbibliothek verzeichnet diese Publikation in
der Deutschen Nationalbibliografie; detaillierte bibliografische Daten
sind im Internet über http://dnb.d-nb.de abrufbar.

© Siggi Sawall, 2017
Alle Rechte vorbehalten

Lektorat, Redaktion: Peter Fichte
Layout, Covergestaltung: Veronique Griechen

Titelbild: Gerichtshalle Kerta Gosa (Foto: Véronique Griechen)
Die „Halle der Gerechtigkeit" befindet sich im ehemaligen Palast von Klungkung, einem historischen Gebäudekomplex in der Nähe der balinesischen Hauptstadt Denpasar. Kerta Gosa wurde als höchster Gerichtshof auf Bali geachtet. Die Recht sprechenden Brahmanenpriester waren für ihre harten und unmenschlichen Urteile bekannt. Deckengemälde zeigen bis heute, zu welchen Strafen Delinquenten verurteilt wurden.

Herstellung und Verlag: BoD - Books on Demand, Norderstedt

ISBN: 978-3-7431-1164-6

Inhaltsverzeichnis

Vorwort — 9

Philippinen — 10

   Impressionen vor dem Abflug in Frankfurt am Main — 10

   Im Osten geht die Sonne auf ... — 12

   Guten Tag, Manila - „Magandang hapon, Manila!" — 13

   Deutsche auf einem philippinischen Kreuzfahrtschiff? — 18

   Zamboanga (Mindanao) — 22

Philippinische Äquatortaufe — 30

Geheimnisvolle Inselwelt Indonesiens — 34

   Insel Celebes (Sulawesi) — 35

   Exkursion ins Toradja-Land — 37

   Zwischen Totenköpfen und Skeletten — 42

   Die Gräber von Land und Lena — 43

Bali - ein göttliches Paradies? — 47

Besuch der Goa-Lawah-Höhle ... 52

Java - ein Leben mit Vulkanen ... 56

Wie viel Wald stirbt für die Papierindustrie? ... 58

Papier im Überfluss? ... 58

Borobodur bei Sonnenaufgang ... 59

Borneo - Auf den Spuren der Menschenfresser ... 62

Singapur ... 68

Traumhafte Hafeneinfahrt ... 69

Eindrücke einer leuchtenden Metropole ... 70

Ja-Wort in 37 Minuten ... 72

Trauminsel Penang (Malaysia) ... 75

Schreck in der Morgenstunde ... 75

Thailand - schillernd und in Wirklichkeit ... 76

Geheimnisvolle Thai-Massage ... 79

Volkssport Thai-Boxen	81
0:0 - und ein Fußball-Wunder	81
Was sind Klongs?	84
Giftige Schlangen	85
Besuch bei den Schlangen	86
Bedeutung des Königreichs	88
Golf von Pattaya: Notfall in 70 Meter Höhe	91
Affen auf Diebestour	94
Der Norden, das andere Thailand	**96**
Besuch bei den Meos im Goldenen Dreieck	101
Sturzflug auf Teheran	**103**

Vorwort

Asien, von Traum zu Traum - ein Titel, der Sehnsucht verspricht.

Träume sind verschiedenartig.
Der Traum einer Weltreise, in exotische Gebiete zu gehen, oder Völker, ihre Kultur, Religion, Sitten und Gebräuche kennenzulernen.

Eine Traumreise hat nicht nur „Schokoladenseiten".
Sie birgt Gefahren, an die man nicht denkt.
Krankheiten, gegen die es kein Mittel gibt.
Allein in Afrika existieren mehr als 100 Viren, gegen die keine Medikamente wirken.

Wer dennoch das Risiko eingeht, sollte mit einer „Apotheke im Bauch" auf Exkursion gehen.

<u>Deutsche auf einem philippinischen Kreuzfahrtschiff.</u>
Kommen Sie mit auf eine Traumreise!

Philippinen

Die Traumreise mit einem philippinischen Kreuzfahrtschiff beginnt in den Philippinen (Luzon und Mindanao) und führt über den Äquator in die indonesische Inselwelt (Celebes, Bali, Java, Borneo, auf den Spuren der Menschenfresser) bis hin nach Singapur. Hier endet die Kreuzfahrt.
Auf eigene Faust geht die Traumreise weiter nach Penang (Malaysia) und Thailand.

Impressionen vor dem Abflug in Frankfurt am Main

In der Reihe vor mir steht ein älteres Ehepaar. Sie, mit blondem Haar und Sonnenbrille, ist aufgedonnert und einen Kopf größer als ihr kleiner, pummeliger Ehemann. Sie fällt nicht nur wegen ihrer Größe auf. Sie kaut und kaut … Er schaut zu und sagt kein Wort.
Immer wieder greift sie in die Kekstüte und zieht einen Keks nach dem anderen heraus. Den Mund vollgestopft, bewegt sie den Brei kreuz und quer durch den Mund. Die Kekse müssen sehr trocken und klebrig sein …

In der zweiten Reihe ein anderes Paar. Die Frau kann sich von „ihrem Bodo" nicht trennen. Sie geht auf Kreuzfahrt, Bodo muss zu Hause bleiben. Der Abschied ist arg schwer. Immer wieder nimmt sie ihren Bodo in den Arm und küsst ihn. Bodo weiß nicht,

wohin er „ausweichen " soll. Mit erstickter Stimme ruft sie verzweifelt nach ihm: „Boodoo! - Boooodooo!" Tränen fließen.
Bodo ist Ihr Hund!

Flug mit dem Jumbo-Jet der „Thai International".
Jede Frau an Bord erhält eine Orchidee.

So oft ich auch fliege, so erstaunt bin ich jedes Mal, wie groß und geräumig das Flugzeug ist.
Der Großraumflieger ist 70 Meter lang, die Tragflächen haben eine Spannweite von 60 Meter und die Kabinenbreite beträgt 6,12 Meter.

Aus den Lautsprechern erklingt die Melodie „La Paloma", die weiße Taube. Vertraute Melodien.
Man fühlt sich gleich wohl.

Stewardessen in traditionellen Kostümen.
Alle Blicke sind auf sie gerichtet.

Start.
Faszinierend, wenn sich über 300 Tonnen Gewicht in die Lüfte schwingen und fliegen. Die Durchschnittsgeschwindigkeit beträgt in 11.000 Meter Höhe etwa 950 km/h. Das Flugzeug ist in der Lage, eine Strecke von 15.300 Kilometer ohne Auftanken zu bewältigen.

Im Osten geht die Sonne auf …

Die Nacht auf dem Flug nach Ostasien ist mit 3 ¾ Stunden relativ kurz. Denn nach knapp vier Stunden Dunkelheit zeigen sich schon wieder die ersten farbigen Streifen am Horizont. Die Sonne geht langsam auf, und es wird heller und heller.
Schaut man nach unten, ist es noch dunkel.
Wir befinden uns über Asien, dem größten Kontinent der Erde, viereinhalb mal größer als Europa und größer als Nord- und Südamerika zusammen.

Ich schaue aus dem Fenster und sehe nun auch die morgendliche Landschaft.
Zugeschneite Berge und glitzernde Täler. Schnee und Eis, auf denen die ersten Sonnenstrahlen reflektieren.

Dass ich aus dieser Höhe ein „Stück Welt" bei warmen Temperaturen im Flugzeug betrachte, ist nicht selbstverständlich. Meine Gedanken fließen. Was mögen da unten für Menschen in der Kälte leben? Menschen mit ihren kleinen und großen Sorgen, wie überall auf der Welt!

Die Zeit vergeht „wie im Fluge".
In Bangkok leert sich der Flieger. Bangkok gilt als das Drehkreuz für Flüge nach Ostasien.

In Bangkok müssen wir neu einchecken.

Vor Manila, der Hauptstadt der Philippinen kommt das Flugzeug in Turbulenzen, obwohl der Himmel wolkenlos ist. Eine Windböe nach der anderen schüttelt das Flugzeug. Es geht auf und nieder, hoch und runter. Man spricht von „Luftlöchern", in Wirklichkeit sind es aber Turbulenzen, also Luftströmungen.

Guten Tag, Manila - „Magandang hapon, Manila!"

Die Hauptstadt liegt auf der nördlichen Insel Luzon. Sie ist die größte der 7.107 philippinischen Inseln.

Reger Autoverkehr.
Es wird Gas gegeben, gebremst und gehupt.

Glas- und Betonpaläste erinnern an die US-Zeit und Kolonialbauten an die spanische Kolonialzeit.
Kirchen, Hindutempel und Moscheen.
Die Philippinen sind das einzige christliche Land katholischen Glaubens in Südostasien. 90 Prozent der Bevölkerung sind Christen und 10 Prozent Moslems, überwiegend auf der zweitgrößten Insel Mindanao.

Manila ist tagsüber eine gesittete Stadt.
Nachts aber verwandelt sich die Hauptstadt in ein „heißes Pflaster". Dunkle oder halbbeleuchtete Straßen. Prostitution, auch Kinderprostitution; weltweit ein krisensicheres Gewerbe ...

Arme Familien, die unter den Brücken hausen oder am Rand der Stadt leben.
Kinder, die auf Mülldeponien arbeiten.

Die Menschen versuchen, das Beste aus ihrem Leben zu machen.
Kleine Läden mit allerlei Sachen, die bis unter die Decke gestapelt sind.

Große Begeisterung bei Hahnenkämpfen, die hier ein Volkssport sind. Solche Veranstaltungen sind ein Riesenspektakel, bei dem viel gewettet wird.

Es findet ein „Vorkampf" statt.
Die Spannung wächst, die letzten Wetten werden abgeschlossen.
Die Hähne werden „scharf gemacht", zunächst mit einem „hornartigen" Gegenstand, der an den Beinen angebracht wird. Die Kampfhähne reizen sich gegenseitig, werden in Kampfstimmung gebracht.

Dann erfolgt der Hauptkampf.
Die Hähne sind inzwischen mit scharfen Klingen an den Beinen ausgestattet worden.
Wütend und mit Todesverachtung stürzen sie aufeinander zu und versuchen, mit der nun scharfen Klinge den anderen zu verletzen oder zu töten.
Die Zuschauer johlen in der kleinen Arena, feiern den Sieg frenetisch.

Exkursion zu den Pagsanjan-Wasserfällen

Drei Stunden dauert die Fahrt, die wir zu acht Personen in einem merkwürdigen Gefährt zurücklegen. Es ist eine Art Großtaxi und heißt „Jeepney". Jeepneys sind zu Kleinbussen mit bis zu 14 Sitzplätzen umgebaute Fahrzeuge, und eine Art philippinische Erfindung.
Nach dem Zweiten Weltkrieg haben die Amerikaner 50.000 Willys-Jeeps stehen gelassen, die von den Philippinos verändert und erweitert wurden. Mittels Stahlträgern wurden sie so umgebaut, dass mit ihnen mehr Passagiere transportiert werden konnten. Zusätzlich erhielten sie ein Metalldach, das für Schatten sorgt. So entstand ihre besondere Form.

Jeepneys sind „äußerlich" reine Schmuckstücke. Je bunter und ausgefallener ein Jeepney ist, desto stolzer ist der Besitzer und desto mehr Kunden kann er sich erhoffen.
Je mehr Antennen auf der Haube und dem Heck sind, desto attraktiver wirkt das Gefährt.
Je bunter und ausgefallener das Großtaxi bemalt ist, desto auffälliger ist es. Das lockt Kunden an. Selbst die Radkappen sind auffällig in rot, grün oder blau gestrichen.

Die Fahrt zu den Pagsanjan-Wasserfällen ist lustig und vergnügt.
Gerade überholen wir einen Ochsenkarren und fahren an Reisfeldern vorbei.
Männer mit hochgezogenen Hosen pflanzen Setzlinge. Das ständige Bücken im Wasser strengt an.

Stühle zur Entlastung stehen in den Feldern.

Die Reisfelder stehen vier Monate unter Wasser.
Gefahren drohen durch giftige Schlangen. Jeder Biss kann tödlich enden.

Hütten links und rechts der Straße.
Das Leben findet vor den Hütten statt.
Vereint sitzen drei Generationen auf der Holztreppe und schauen, wer vorbeifährt. Es ist die einzige Ablenkung.
Schwarze Schweine und Hühner, die frei umherlaufen.

Der Blick in die Hütte zeigt das Innenleben.
Die Küche besteht aus einer transportablen Feuerstelle, die man auch nach außen verlegen kann.
Im Wohnzimmer gibt es keine Schränke, die Kleidungsstücke hängen an der Wand. Das hat den Vorteil, dass die Kleidung bei dem feucht-heißen Klima nicht stickig-feucht wird.
Im Schlafraum schläft jede Generation auf einer Matte. Morgens werden die Matten zusammengelegt.

Plötzlich sind wir am Gewässer, das zu den Wasserfällen führt.
Wilde Ufer.
Eine Bootsanlegestelle gibt es nicht. Wir gehen die Böschung hinunter zu den langgestreckten schwarzen Booten.
Eingebettet von steilen Felsen, die mit Moos bewachsen sind, wird die Bootsfahrt problematisch. Es beginnt eine Art „Wildwasserfahrt".

Das Flusstal wird enger. Ein junger Bootsführer steht am Bug, hüpft artistisch vom Boot auf Steine und zurück. Ein Holpern und Stolpern.

In den Stromschnellen kleine und große Steine. Halsbrecherisch manövriert der Bootsführer das schmale Boot. Es spritzt nach allen Seiten. Ein Glück, dass wir Badesachen tragen. Es ist eine äußerst nasse Fahrt. Beinahe wären wir aus dem Boot geflogen. Zwischen den Steinen gurgelt und brodelt das Wasser, klatscht gegen Steine und Boot.

Als die Wasserfälle in Sicht sind, wird das Wasser tiefer und ruhiger.

Affen, die an den begrünten Felsen umherspringen.

Wir steigen auf ein Floß aus Bambusrohren und werden mit einem Seil unmittelbar zu den Wasserfällen und in die dahinter liegende Höhle gezogen.

Zurück in Manila schiffen wir auf dem Kreuzfahrtschiff „Doña Montserrat" ein.

Deutsche auf einem philippinischen Kreuzfahrtschiff?

Das Schiff hat 4.200 Bruttoregistertonnen (BRT), ein relativ kleines Schiff, das 125 Deutsche durch die asiatische Inselwelt schippert.
Dass Deutsche auf einem philippinischen Kreuzfahrtschiff durch einen Teil der asiatischen Traumwelt fahren, ist bis heute einmalig gewesen. Eigentlich sollte die Kreuzfahrt mit einem portugiesischen Kreuzfahrtschiff erfolgen, aber für Indonesien ein Fahrverbot erhielt. Politische Querelen gab es damals wie heute überall auf der Erde …

Die „Doña Montserrat" ist nach der philippinischen Hauptaktionärin benannt. Der Name erinnert auch an die jahrhundertelange spanische Herrschaft.

Die Landessprache ist nicht Spanisch, sondern Tagalog, verwandt mit der malayisch-polynesischen Sprachengruppe. Die Verkehrssprache ist Englisch.

Im Hafen von Manila liegt nicht nur das Kreuzfahrtschiff, sondern auch einige Frachter.
Im Hafenbecken schwimmen Kinder zwischen Plastikmüll, Benzinkanistern, Büchsen und Pappe. Sie warten darauf, dass Passagiere Münzen ins Wasser werfen, nach denen sie tauchen können. Voller Stolz strecken sie die Hand in die Luft, wenn sie die Münze gefunden haben.
Keine leichte Aufgabe in dieser dunklen Brühe.

Nachdem die Vorbereitungen für das Ablegen abgeschlossen sind, heißt es „Leinen los!".
Wir verlassen die Hauptstadt und nehmen Kurs auf Mindanao.

Auf Luzon und Mindanao leben 65 Prozent der Gesamtbevölkerung des Landes.

Die Seenotrettungsübung findet nach den üblichen Vorschriften statt und ist immer ein Foto fürs Familienalbum wert.

Das Schiff Doña Montserrat

Die „Doña Montserrat" bietet ausreichend Platz; 139 Besatzungsmitglieder kümmern sich um 125 Passagiere. Das Personal besteht ausschließlich aus Philippinos, die alles tun, um die Kreuzfahrt zu einem Traum für die Passagiere werden zu lassen.

Nach der Rettungsübung

Man fühlt sich wie Zuhause, das Gefühl der Gastfreundschaft gibt es auch ohne Trinkgeld.

Auf einem Schiff schwimmt man nicht nur, sondern lebt mit dem Komfort eines Luxus- oder Erste-Klasse-Hotels. Eine Kreuzfahrt bedeutet aber noch viel mehr: die Weite des Meeres, die leichte Brise, die Sonne, den blauen Himmel - und die Träume! Fernab vom Alltäglichen ungezwungen zu sein.

Das Gefühl der Zeitlosigkeit zu spüren und sich einfach fallen zu lassen, zu träumen.

Träume sind vielfältig.
Frauen träumen anders, haben andere Traumsymbole als Männer. Sie sind romantischer, gefühlvoller und differenzierter.
Männer dagegen haben andere Traumvorstellungen. Sie träumen rationaler, wie sie auch leben, mehr bezogen auf die soziale Stellung im Beruf und leistungsorientiert.

Ruhige See.
Am Abend stellt sich Kapitän Salvador Batapa mit seiner Crew vor. Nach der Begrüßung singt er die philippinische Nationalhymne.

Alle Anwesenden erheben sich von ihren Plätzen im Musiksalon. So ernst der Abend beginnt, so beschwingt endet er.

Erwachen am nächsten Morgen.
Man glaubt es nicht, unser Schiff ist wieder in Manila. Viele reiben sich die Augen, sind überrascht. Was ist geschehen?
Der Bordarzt hat eine komplizierte Fehlgeburt einer Philippinin nicht behandeln können, die Blutungen konnten nicht gestillt werden.

Die Motoren der „Doña Montserrat" werden angeschmissen.
Ein angenehmes Gefühl, wenn die Motoren brummen und die Schiffsschrauben sich drehen.

Das Mittagsmenü im Restaurant besteht aus acht Gängen.
Für die, die lieber in freier Natur speisen, ist auf dem Sonnendeck ein reichhaltiges Buffet aufgebaut.
Eine Augenweide ist das Salat- und Obstbuffet mit tropischen Früchten.
Kunstvolle, aus Kürbissen geschnitzte Gesichter. Eine Märchenwelt ...

Sonnenuntergang. Gelbrötliche Sonnenstrahlen am Horizont.
Ruhige See, und „Ramba Zamba" auf Deck.
Zackige Rhythmen. Die sechs jungen Philippinos in rot-orangen Hosenanzügen spielen derart temperamentvoll auf, dass der Funke alsbald auf die Gäste überspringt.
Die Tanzfläche ist voller Tanzpaare, und jeder zeigt, was er kann.

Zamboanga (Mindanao)

Am nächsten Morgen fahren wir in die Bucht von Zamboanga ein. Kaum liegen wir vor Anker, kommen auch schon die ersten Boote mit Händlern. Auf einem drei mal vier Meter großen Floß werden Tiere der Südsee angeboten, darunter eine große Schildkröte.

Mindanao-Bucht: Tiere des Meeres

Für den Landgang bestehen scharfe Verhaltensregeln, zum Beispiel darf man nicht alleine gehen.
Entführungen sind jederzeit möglich, und kriegerische Auseinandersetzungen zwischen Christen und Moslems entstehen plötzlich. Die Moslems kämpfen um ihre Unabhängigkeit.

Auf flachen Flächen in der Stadt stehen Geschütze mit einem Haufen scharfer Munition.

Die Moslems werden durch die Organisation „Abu Sayyaf" vertreten.
Mindanao ist ein (fast) ständiger Krisenherd.

Wir werden von bewaffneten Guerillas ohne Uniform begleitet, die eine Kalaschnikow auf dem Rücken oder lose über die Schulter tragen.

Sofort einsetzbare Geschütze mit Munition

Guerilla-Begleitschutz in Zamboanga

Weitläufig ins Meer gebaut

Zamboanga breitet sich am Wasser aus.
Lagunen, die bis zum Dschungel reichen.
Eine Stadt mit teils kleinstädtischem und dörflichem Charakter.
Einzelne Marktstände und Lkw voller weißer Korallen.
Ein Stadtteil unzähliger Holzhäuser auf Pfählen, die in den Lagunen stehen.
Brettwege auf Pfählen, die weit in die Bucht reichen.

Kinder - jedes will aufs Foto

Hier leben die „Seezigeuner", so nennt man die Menschen hier. Freundliche Leute, die uns zuwinken und uns zu einer Fahrt in den Auslegerbooten bitten. Aber das Risiko ist zu groß, denn es könnte eine Fahrt ohne Rückkehr in den verzweigten Teil der Stadt werden.

Hütten   Auslegerboote

Etwa eine Seemeile weiter beginnt der Dschungel; wenige Seemeilen weiter liegt auch die für Entführungen bekannte Insel „Jolo".

Begleitet werden wir in Einzelgruppen von einer großen Kinderschar. Immer wieder tippen sie mit dem Finger unsere Haut an: Wie fühlt sich weiße Haut an? Jede Bewegung zur Kamera löst sofort ein Drängeln unter den Kindern aus.

Exkursion zu den Dörfern „Measse" und „Rio Hondo".

Measse ist ein Dorf mit Christen, während in Rio Hondo nur Moslems leben.
In Begleitung philippinischer Soldaten beginnt in Zamboanga die Fahrt ins Hinterland.

Im Hafengelände steht ein kleiner japanischer Bus mit 16 Sitzplätzen.
Der Eingang zum Kleinbus ist niedrig und die Sitze schmal. Sie sind ausgerichtet für zierliche Japaner. Im Bus sind wir insgesamt 12 Mitreisende, denen als Gastgeschenk eine Gewürzkette mit dem Namen „Tapioka" umgehängt wird.

Unser Ziel ist zunächst das Christendorf „Measse".
Wir fahren entlang der malerischen Küste. Meer, blauer Himmel und weißer Strand ohne Badegäste. Es ist heiß. Links der Fahrtrichtung Urwald.

Unser Bus wird von Militärjeeps begleitet.
Zwei Wochen zuvor wurde hier ein einheimischer Bus überfallen und die Fahrgäste ausgeraubt. Elf Tote waren zu beklagen.
Ich sitze hinter dem Fahrersitz und lese den Text eines Schildes, auf dem aus dem Englischen ins Deutsche übersetzt steht: „Putze dir die Nase, spare die Hupe".
Die Hupe hat der Fahrer während der ganzen Fahrt noch nicht betätigen müssen. Kein Fahrzeug, das wir überholen mussten. Und keines, das uns entgegen kam.

Ankunft in „Measse", das im lichten Palmenwald liegt.
Die Behausungen (Hütten) liegen verstreut unter Palmen.

Begrüßung mit fünf Salutschüssen aus Bambusrohren.

Christendorf Measse - Fünf Salutschüsse aus Bambusrohren.

Mit der Dorfkapelle an der Spitze marschieren wir „mit Pauken und Trompeten" durchs Dorf. Nur ein paar Jüngere stehen am Wegesrand und schauen auf uns Fremde.
Männer sieht man kaum, sondern fast nur junge Frauen mit Kindern auf dem Arm oder in selbstgebastelten Kinderwagen.

Erstaunte Frauen und Kinder im Christendorf

Als der Dschungel beginnt, kehren wir um.
Sicher ist sicher.
Am Dorfausgang spielt noch einmal die Dorfkapelle.
Der Dorfälteste tanzt wie von der Tarantel gestochen. Er wackelt ganz kräftig mit seinem „Föttchen" (Ausdruck im Rheinland für das Gesäß).
Anschließend fahren wir zum Moslemdorf „Rio Hondo".
Am Eingang des Dorfs blicken wir vom „Fort Pilar" auf die Siedlung, sehen ein paar Leute und eine weiße Moschee.
Die Soldaten wollen uns nicht ins Dorf begleiten, so dass wir auf den Besuch verzichten.
Zurück zum Schiff.

Alle sind wohlbehalten an Bord eingetroffen - Gott sei Dank! Die „Doña Montserrat" verlässt die Gewässer der Philippinen. Sie nimmt Kurs auf das südchinesische Meer und die Inselwelt Indonesiens.

Am Abend spielt - wie jeden Tag - der Pianist „Poncho" in der Veranda-Bar. Ein ulkiger Typ vom Aussehen her, voller Mimik und Gestik. Seine Finger „flitzen" über die Tasten. Er verdreht die Augen, die ihm fast aus dem Gesicht quellen. Er singt, trillert und flutscht mit seinen wurstigen Lippen. Poncho schwenkt den Kopf hin und her, springt auf und setzt sich wieder. Sein Publikum hält er in Spannung.

Zwei Tage später überqueren wir den Äquator, für uns „Nördlinge" immer ein besonderes Ereignis, für die Philippinos sicherlich nicht, denn sie leben in Äquatornähe.

Philippinische Äquatortaufe

Im Grunde müssen sich auch die Philippinos nach bestimmten Regularien richten.

Es ist Brauch, dass jeder Täufling eine Taufurkunde mit irgendeinem beliebigen und willkürlich gewählten Namen erhält.

Eine Äquatortaufe hat einen bunten Rahmen, und die Hauptakteure sind kostümiert.

Die Philippinos tragen teilweise Südseeröcke aus Schilf und Bambus.

Neptun, Herrscher der Meere, Seen, Flüsse, Tümpel und Teiche beurkundet die Taufe an Bord des Schiffs und bescheinigt, dass der Täufling über die Linie des Äquators gefahren ist. Er ist vom Schmutz der nördlichen Regionen gereinigt, rasiert und auf seinen Gesundheitszustand eingehend untersucht worden.

Bescheinigt wird, dass der Täufling mit dem Kielwasser der „Doña Montserrat" auf den jeweiligen Namen getauft worden ist. Hans trägt den Namen „Knurrender Zwerggurami", Gaby heißt „Trauermantel-Salmler", und ich bin auf den edlen Namen „Sumatrabarbe" getauft worden.

Mit diesen Namen darf der Täufling nunmehr frei durch alle Meere kreuzen und wird respektiert, wie es sich aufgrund seiner Herkunft gehört.

Die Äquatortaufe ist eine recht lustige Feier, die sich in der Regel um den Swimmingpool abspielt.

Neptun

Die Feierlichkeiten werden am Abend mit einem großen Kostümfest fortgesetzt.
Es beginnt mit dem Piratenessen. Seltsam die Gerichte auf der Speisekarte, zum Beispiel Seekiesel, weißer Hai, Seepferdchen-Steaks, pikante Seerosenspitzen, frischer Seetang, Treibgut-Pastete und vieles mehr.

Ramba-Zamba am Abend.

Äquatortaufe

Sonnenuntergänge am Äquator

Die jungen philippinischen Musiker sind außer Rand und Band, springen „über Tische und Bänke". Sie spielen „wie die Teufel", reißen ihre Klaviere um, liegen auf dem Boden und spielen mit Händen und Füßen. Mit den Füßen spielen sie auf dem Klavier und flippen fast aus. Auch die Gäste sind „aus dem Häuschen"! Noch ein Tag auf See, dann fährt das Schiff in die indonesische Inselwelt ein.

Musikkapelle außer Rand und Band

Piraten ruhen sich aus

Geheimnisvolle Inselwelt Indonesiens

Indonesien ist der größte Inselstaat der Erde und besteht aus 13.700 Inseln.
Nach Satellitenaufnahmen sollen es sogar 17.508 Inseln sein.

Indonesien erstreckt sich über mehr als 5.100 Kilometer und bildet eine Brücke zwischen Asien und Australien.
Es hat doppelt so viele Inseln wie die Philippinen.
Ein Staatsgebilde unterschiedlicher Religionen, Kulturen und Rassen.

Eine schwere Aufgabe, das langgestreckte Staatsgebilde zu regieren und zusammenzuhalten.

Die Legende besagt, dass Gott „kleckerweise" entlang des Äquators Erde ins Meer geworfen habe. Dadurch sei die Inselstruktur entstanden.

Indonesien ist eine riesengroße Republik und mit einer Fläche von 1,9 Millionen Quadratkilometer mehr als fünfmal so groß wie Deutschland; das entspricht vergleichsweise einer Fläche von rund 266 Millionen Fußballfeldern.
Das riesige Land ist von Wasser umgeben und misst 153.000 Küstenkilometer. Diese entsprechen fast dem Vierfachen des Äquatorumfangs.

Noch befinden wir uns in der Celebes-See bei leichtem Seegang. Seestärke 3 und fliegende Fische,die 30 Meter und mehr über die Wellenkämme hinwegfliegen, wie dunkle Pfeile im Gegenlicht.

Insel Celebes (Sulawesi)

Vor uns die Hafenstadt Parepare, die am Morgen von einem Dunstschleier umgeben ist. Nebelschleier, die über der Stadt liegen.

Ein Chor aus Frauen und Männern steht am Kai und begrüßt uns mit dem Lied „Taneko Aiko" (Meine Heimat).

Eine Stunde später erstrahlt die etwa 70.000 Einwohner zählende Hafenstadt im Sonnenlicht.
Farbig gestrichene Holzhäuser auf Stelzen.

Kein Wölkchen ist am Himmel zu sehen, und Parepare entpuppt sich als quicklebendige Stadt. Auffallend viele Hochzeitspaare, die Bräute mit Schleppe und in Weiß.
Fahrradrikschas, „Tuk-Tuks" und Kindergeschrei begleiten uns. Ununterbrochen singen die Kinder die Melodie „Za-rah - za-rah, zarah-samsam, sam-sam". Was es heißt, erfahren wir nicht. Es hört sich aber melodisch an.

Der Chor der Kinder wird größer und größer; inzwischen dürften es 35 Kinder sein.
Spontan dirigiere ich das Lied, und das löst Freude aus. Das gefällt den Kindern.
Der Chor wächst und wächst. Die Leute bleiben stehen und freuen sich auch.
Welch eine Gaudi!

Exkursion ins Toradja-Land

Von Parepare bis zum Toradja-Land im Inneren der Insel sind es 155 Kilometer.
Unterwegs Dörfer und Siedlungen.
Freundlich winkende Menschen, freundliche Ortsschilder mit den Worten „selamat datang", was „Herzlich willkommen" heißt.

Berge und Schluchten.
Ein großer über die Straße gespannter Torbogen zeigt an, dass hier das Land der Toradjas beginnt.
Der Torbogen hat die Form eines auf den Kopf gestellten Segelschiffs (Rumpf). Die Bauweise erinnert an die Vorfahren, die aus der Südsee mit Segelschiffen gekommen sein sollen.
Weil die Segelschiffe den Menschen auf See Schutz gaben, bauten sie an Land ihre Häuser entsprechend; den Schiffsrumpf als Dachkonstruktion.

Die Toradjas gehören zu den ältesten Volksstämmen Indonesiens.
Sie sind „Animisten", ein Volk mit heidnischen Bräuchen
Sie pflegen einen intensiven Totenkult.
Der Büffel aus der Tierwelt ist für sie heilig. Er hat aber nicht den gleichen Status, wie die „heilige Kuh" in Indien. Der Büffel darf auch verspeist werden.
Obwohl heilig, wird der Büffel bei den Toradjas als Arbeitstier eingesetzt.

Traditionelle Bauweise im Toradja-Land

Dennoch spielt der Büffel im Glauben der Toradja eine wichtige Rolle. Stirbt ein Toradja, wird ein Büffel geopfert - doch dazu später mehr.

Die Toradja fürchten nicht den Tod. Er löst keinen Schrecken aus. Die Totenfeiern sind üppig; der Tod wird „gefeiert".

Noch vor etwa 150 Jahren wurde der Tod auch in unserem Kulturkreis „gefeiert". Aber nicht etwa aus dem Grund, wie hier bei den Toradja. Offiziell wurde darüber auch nicht gesprochen, aber es gab keine Rente, und die Menschen mussten bis ins hohe Alter arbeiten, um sich zu ernähren oder ernähren zu lassen.

Ein „Überbleibsel" dürfte in unserem Kulturkreis noch das offizielle „Kaffeetrinken" nach einer Bestattung sein.
Das ist meine persönliche Einschätzung und mag auf Protest stoßen.

Nach stundenlanger Fahrt erreichen wir ein Dorf, von dem aus täglich Stichfahrten unternommen werden.

Bei der Ankunft im Ort setzt plötzlich ein starker Tropenregen ein, der das Aussteigen unmöglich macht. Ein gewaltiger Tropenregen, der wie ein „Trommelfeuer" auf das Dach des Jeeps prasselt.
Tropfen so groß wie Tischtennisbälle.

Untergebracht werden wir im Gemeindehaus.
Unser Wohnraum muss früher eine Waschküche gewesen sein.

Der Boden ist betoniert.

Zwei Bettgestelle, zwei Stühle und ein verwaschener Holztisch stehen im Raum.

An der Wand hängt ein Spiegel, und daneben befinden sich ein Waschbecken und eine offene Innentoilette. Eine Spülung gibt es nicht, dafür aber einen Eimer Wasser mit einer großen Schaufel.

An der Decke hängt eine Glühbirne, die defekt ist. Im Raum befindet sich kein Licht.

In der Ecke entdecke ich ein offenes Rohr, durch das früher Wasser nach draußen floss. Heute ein „Schleichweg" für nachtaktive Krabbeltiere?

Nach dem ersten Schock verlassen wir den Raum und schauen, ob die anderen in ähnlicher Weise untergebracht sind. Ja, in ähnlicher Weise, aber nicht so extrem.

Alle sind irgendwie betroffen.

Wir treffen uns zunächst in der ersten Etage im Gemeinschaftsraum und trinken aus großen 1-Liter-Flaschen warmes Bier. Aber das ist uns egal.

Der Holzboden knarrt verdächtig laut, ebenso wie der große Balkon.

Plötzlich setzt wieder der Tropenregen ein. Wie ein Vorhang versperrt er uns die Sicht nach draußen. Schon längst ist es dunkel geworden.

Die Dorfstraße hat sich zu einem reißenden Strom entwickelt.

Als es nach 10 Minuten aufhört zu regnen, ist das Wasser bald im Boden versickert.

Alle scheuen sich, bereits ins Bett zu gehen.
Nach 21.00 Uhr bummeln wir durch den Ort. Hier und da blinkt eine Glühbirne. Ein Haus ist sogar hell erleuchtet, hier wohnt der Dorfschullehrer. Er sitzt mit seiner Frau und seinen Töchtern auf der Terrasse und lädt uns zu einer Tasse Tee ein.
Man spricht brockenweise Englisch. Die eigentliche Sprache ist aber „Mimik und Gestik", die „Sprache des Urwalds".

Nur ungern kehren wir in unsere „Waschküche" zurück. Gut, dass ich eine Taschenlampe bei mir habe!

Gott sei Dank, die Nacht ist kurz.
Schon um 04.00 Uhr morgens werden wir lautstark mit Topfdeckeln geweckt. Außerdem trommelt man lautstark an die Tür. Alle sind wach!

„Katzenwäsche" und Frühstück.
Es besteht aus Brot, Butter, Marmelade, Ei, Salz und Tee.
Das Salz ist klebrig-feucht und grobkörnig. Es ist das Salz aus dem Meer, das gewonnen wird.

Zwischen Totenköpfen und Skeletten

Es ist stockdunkel, als wir morgens um 05.00 Uhr eine Höhle besuchen, in der Tote beigesetzt werden. Sie werden in Nischen abgelegt.
Drei Kinder - zwei Mädchen, acht Jahre alt, und ein siebenjähriger Junge - halten eine Fackel in die Höhe und führen uns in die stockdunkle Höhle.

Totenköpfe, Skelette und Knochenteile in den Nischen.
Die Luft ist stickig, und es ist unheimlich.

Die starke Totenverehrung der Toradjas ist, um Irrtümer auszuschließen, nicht etwa der Mittelpunkt ihres Lebens.
Der Tod eines Menschen ist so lange nicht offiziell, solange er noch nicht bestattet ist. Er gilt nur als „krank", denn seine Seele befindet sich noch unter den Lebenden. Die Seele verlässt den Toten erst dann, wenn er endgültig beigesetzt ist.

Frühmorgens um 05.00 Uhr zwischen Totenköpfen und Skeletten

Die Gräber von Land und Lena

Die Bestattung findet nicht in Höhlen zu ebener Erde statt, sondern in Höhlen hoch oben im Felsen.
Hier werden meist die Reicheren bestattet. Der Bau solch einer Grabanlage hoch oben in den Felsen kann bis zu einem Jahr dauern.

Die Totenfeiern unterliegen bestimmten Regularien.
Büffel und andere Tiere werden geschlachtet, das Fleisch an Trauergäste und Bedürftige verteilt.
Die Totenfeier entwickelt sich zu einer Art Volksfest. Sie beginnt mit einer Prozession; Tänzer und Sänger treten auf.

Gräber hoch oben in den Felsen. Von der Balustrade ein Blick auf die Lebenden

Es wird gegessen und getrunken. Aus Bambusrohren wird Reiswein ausgeschenkt.

Das Töten der Tiere ist alles andere als „heilig".
Mit einem Hieb wird mit dem Schwert die Halsschlagader durchtrennt. Aus der klaffenden Wunde wird das Blut in Bambusrohren aufgefangen, gekocht und getrunken.

Die Toradjas glauben, dass mit dem Blut die Kraft des Tieres, insbesondere des Büffels, auf den Menschen übertragen wird.
Es werden besonders viele Büffel geopfert, um den Toten zu beehren.

Die Bestattung in den Höhlen der oberen Felsen ist ein gefährliches und riskantes Unternehmen.
Von mehreren Männern wird über eine geflochtene Leiter der Sarg steil an der Felswand hochgehievt und in der vorbereiteten Grabkammer beigesetzt.

Auf einer Balustrade stehen vor Grabkammern lebensgroße „Puppen" aus Holz, die man „Tau Tau" nennt.
Sie ähneln dem Verstorbenen, nicht jedoch nach seinem Aussehen, sondern nach seinen markanten Verhaltensmerkmalen.
Die Tau Taus stehen wie ein „Puppenkabinett" auf der Balustrade mit Blick nach unten, um die Lebenden zu schützen.

Das Toradja-Land wird daher auch als das „Land der lebenden Toten" bezeichnet.

Am frühen Morgen des nächsten Tages fahren wir durch eine grüne, hügelige Landschaft.
Wir halten an einer Schule.
Schon morgens um 07.00 Uhr beginnt der Unterricht mit einem „Morgen-Appell".
Vor dem langgestreckten flachen Gebäude stehen diszipliniert „in Reih und Glied" Schülerinnen und Schüler und lauschen den Worten des Schulleiters.
Es wird die Nationalhymne gesungen (das ist in vielen Ländern so).
Hier ist man froh, überhaupt lernen zu dürfen. In Deutschland hingegen sind die Lehrer teilweise Opfer von Gewalt der Schüler. Die Probleme werden bei uns aber immer kleingeredet und tabuisiert.

Um 08.00 Uhr sind Männer zu Fuß mit großen Bambusrohren unterwegs, um Reiswein zu den nächsten Totenfeiern zu bringen.

Reiswein in Bambusrohren

Andere schleppen Schweine, die gefesselt kopfüber an Bambusrohren hängen.

Noch am selben Tag kehren wir zurück nach Parepare aufs Schiff. Hier wissen wir die Zivilisation zu schätzen, besonders die Dusche.

Das Kreuzfahrtschiff legt ab.
Zurück bleibt das Panorama der Stadt.
Kinder, die uns am Kai zuwinken. Aber auch Kinder, die eindeutige „Ehestandsbewegungen" vollziehen - auch eine Art „Abschiedsgruß"?

An Bambusrohren festgebundene Schweine

Bali - ein göttliches Paradies?

Die Balinesen nennen ihre Insel den „Garten Gottes".
Sie glauben fest daran, dass ihre Insel extra von Gott erschaffen und die göttliche Seele auf sie selbst übertragen wurde. Deshalb zeigen sich die strenggläubigen Balinesen stets dankbar. Sie opfern überall.
Die Landschaft ist voller Tempel: Haustempel, Schreine, kleine und größere Tempel an Wegen und Feldern.
Treppenartige Reisfelder, als hätten sie „Treppen zum Himmel" bauen wollen.

Treppenartige Reisfelder - Treppen zum Himmel

Die Reisfelder sind kunstvoll gestaltet, tiefgrün.
Palmen und Tempel - wie ein Gemälde.

Vulkanlandschaften und weiße Strände.
Vulkanlandschaften, die sich bis Java und Sumatra erstrecken.

Bali ist wie ein Juwel.
Ein „Freilichtmuseum" auf 5.634 Quadratkilometer Fläche.
Eine Insel, die 145 Kilometer lang und bis 95 Kilometer breit ist, und auf der etwas mehr als drei Millionen Balinesen leben.
Friedlich lebende Menschen, die die balinesisch-hinduistische Kultur pflegen, wobei die hinduistische Kultur abgeschwächt gelebt wird. Kaum dass man Verbrennungen erlebt, und das Kastenwesen wird locker gehandhabt.

Auf Bali fühlt man sich gleich als Gast.
Die Menschen sind zurückhaltend und freundlich.
Ein leichtes Lächeln ist immer auf ihren Lippen. Kein künstliches Gehabe, sondern ein natürliches Verhalten.

Rebab-Spieler eines Gamelan-Orchesters

Gamelan-Orchester

Begrüßt werden wir oftmals von jungen, grazilen Tänzerinnen in traditionell bunten Kostümen. Zierliche Tänzerinnen in farbigen Gewändern. Ihr Tanz wirkt leicht, schwebend, rein. Hände und Finger spielen beim Tanz eine wesentliche Rolle.

Begleitet werden die Tänzerinnen von einem „Gamelan-Orchester" mit Gongs und Trommeln.

Im Gegensatz zu unserer Bühnenkultur schminken sich die Künstler selbst, und zwar vor dem Publikum. Den Beruf der Bühnenbildnerin gibt es hier nicht.

Bühnendarsteller schminken sich vor Publikum

Populär sind der Barong- und Kecak-Tanz.
Mysteriöse, geheimnisvolle Tänze, deren Handlung für den Fremden schwer nachzuvollziehen ist.

Der „Barong" ist ein mysteriöses Wesen in Gestalt eines Dämons, eine Art Tier mit Löwenkopf und zotteligen Haaren. Seine Augen quellen förmlich aus dem zähnefletschenden Gesicht.

Ihm gegenüber steht „Rangda" in Gestalt einer hässlichen Hexe.
Ein Ungeheuer, das Böses will.
Zwischen Barong und Rangda kommt es zu einem erbitterten Kampf, aber keiner siegt.
Anhänger von Barong greifen in das Geschehen ein, aber auch sie können trotz aller Anstrengungen den Kampf nicht beeinflussen.

Nun greift auch Barong wieder in den Kampf ein, doch der Kampf geht unentschieden aus.

Die Fahrt über die Insel ist geprägt von Harmonie in einer paradiesischen Landschaft - ein Traum!
Man spürt die Natur, man riecht sie.

Ist Bali ein göttliches Paradies?
Eigentlich könnte man die Frage bejahen, wäre die Idylle nicht am 11. Oktober 2002 durch einen terroristischen Anschlag mit 202 Toten, drei Jahre später durch einen Selbstmordanschlag mit 23 Toten und am 14. Januar 2016 durch einen Anschlag mit mindestens neun Toten erschüttert worden.

Terror passt nun gar nicht in das paradiesische Bild Balis.
Wer aber geglaubt hat, die Balinesen würden Rache schwören, sieht sich getäuscht. Im Gegenteil: die Balinesen prüfen, wo sie gegebenenfalls selbst Fehler gemacht haben könnten.

Geht frühmorgens die Sonne auf, gehen die Männer gemeinsam auf die Felder, um sie zu bestellen. Sie verrichten die schweren Arbeiten, wie das häufige Bücken beim Setzen der Reislinge.

Um die Reisfelder zu bewässern, haben sie Kooperativen gegründet. Sie sorgen für ein ausgeklügeltes Bewässerungssystem auf den Feldern. Jede einzelne Parzelle ist von einem Sandwall umgeben, um das Wasser zu halten und nicht unkontrolliert ablaufen zu lassen.

Durchschnittlich vier Monate steht ein Reisfeld unter Wasser.
Vorsicht ist geboten vor giftigen „Reisschlangen", deren Bisse tödlich sein können.

Höhepunkt des Jahres ist das Erntedankfest.
Mit Pauken und Trompeten ziehen die Dorfbewohner durchs Dorf und danken Gott.
Am Abend findet ein Fackelumzug statt.
Es wird gegessen und getrunken.
Auf Palmblättern werden Currygerichte angeboten.

Die Frauen kümmern sich um die Hausarbeit, um die Kinder und holen Wasser aus dem Dorfteich.
Kinder haben hier einen besonderen Stellenwert.

Besuch der Goa-Lawah-Höhle

Fledermaushöhlen sind geheimnisvoll und feucht.
Die Fledermäuse mögen es am liebsten feucht und modrig. Entsprechend ist der Gestank. Schon am Eingang kommt uns ein muffiger Geruch entgegen. Es stinkt, und es ist dunkel.
Wie „Korkenzieher" hängen die Fledermäuse kopfüber an der Decke. Eine dichte Masse. Vereinzelt „tropft" es von oben, Kot fällt herunter - Durchfall oder Blasenschwäche?

Fledermäuse sind nachtaktive Tiere, die das Tageslicht scheuen.

Wird es dunkel, werden die Tiere scheinbar von einem magischen Zauber erfasst. Zu Millionen verlassen sie die Höhle und fliegen wie Schatten durch die Luft, auf der Jagd nach Insekten.
Eine Fledermaus vertilgt pro Nacht bis zu 4.000 Insekten.
Ihre Beute finden sie in der Luft durch eine sogenannte Echo-Ortung. Sie stoßen ständig Schallwellen aus. Auf diese Weise spüren sie nicht nur die Insekten auf, sondern orientieren sich auch so.
Blitzschnell fangen sie so während des Fluges ihre Beute, die sie noch im Fliegen verspeisen.

Außer in Höhlen halten sie sich auch in Felsspalten, auf Dachböden oder in Baumvertiefungen auf.

Ein wenig gruselig ist es schon. Entgegen aller Gerüchte trinken Fledermäuse, bis auf eine amerikanische Art, kein Blut.
In den Mythen der Filmwelt werden sie als Vampire in Totengestalt dargestellt, die nachts aus dem Grab steigen und den Lebenden das Blut aussaugen.

Fledermäuse haben durch Draculas Filmwelt eine negative Note. Sie werden in Horrorfilmen als Blutsauger dargestellt, gelten als blutrünstige Vampire. Doch in Wirklichkeit sind sie harmlos.

In China gilt die Fledermaus sogar als Symbol des Glücks.

Wissenschaftler haben im Speichel von Fledermäusen ein Enzym entdeckt, das die Blutgerinnung hemmt.

Fledermäuse haben einen Wirkstoff, der in der Medizin als Gerinnungslöser bei Schlaganfällen und Herzinfarkten wirken soll.

Von Fledermäusen ist bekannt, dass sie sehr soziale Tiere sind, die in großen Gruppierungen leben.

So geheimnisvoll das Leben der Fledermäuse ist, so mysteriös ist der **Kecak-Tanz**.
Es ist stockdunkel. „Tjak-tjak"-Rufe. Ein leichtes Zischen folgt.
Die Rufe und das Zischen werden lauter, aber man sieht niemanden.
Etwa 35 junge, zornige Männer mit Machete und nacktem Oberkörper, zu allem wild entschlossen, treten aus dem Dunkel.
Lautstarke „Tjak-tjak"-Rufe und ein scharfes Zischen.
Spannung liegt in der Luft.
Sie setzen sich im Kreis.
Ein Wechselspiel zwischen Chor und Tanz beginnt.
In der Mitte König Ravana, der wild umherspringt. Er kämpft gegen „Etwas", was ich nicht verstehen kann.
Die zornigen jungen Männer reißen wild die Arme hoch, bewegen die Hände und lassen die Finger wie Lametta im Wind flattern.

Temperamentvolle, aggressive Tanzdarbietungen.
Immer wieder drohende Gebärden der jungen Männer, die aber nicht aktiv in das Geschehen eingreifen.

Worum es letztlich geht, ist für den Fremden aus der Handlung heraus nicht zu erkennen.

Mysteriöser Kecak-Tanz in stockdunkler Nacht

Die zornigen Männer stehen auf und rufen lautstark „Tjak-tjak". Rufe, die in die Dunkelheit der Nacht schallen und ein Zischen, das vergeht.

Die mysteriöse Welt von Bali ...

Java - ein Leben mit Vulkanen

Trotz großer Gefahren siedeln sich Menschen am Fuße von Vulkanen an. Grund ist der fruchtbare Boden am Fuße der Vulkankegel.

Die Ausläufer des „Pazifischen Feuerrings", einer Kette von 123 aktiven Vulkanen, erstrecken sich 5.000 Kilometer bis in die indonesische Inselwelt.

Ein Vulkanforscher verschafft uns einen Einblick in den Kern der Erde.
Bis zum Erdkern misst man 6.400 Kilometer. Wenn es möglich wäre, würde man ihn (im freien Fall) in 45 Minuten erreichen.
Aus technischen Gründen ist der Einsatz eines Spezialbohrers bis heute nicht gegeben, der die verschiedenen Steinschichten der Erde sowie die heiße Magmaschicht bis zum Erdkern durchbohren könnte. Dort herrschen Temperaturen in der Bandbreite zwischen 3.900 und 7.000 Grad Celsius.
Die Temperatur im Erdkern entspricht ungefähr der Außentemperatur der Sonnenoberfläche.

Java hat ein großes Bevölkerungsproblem.
Die Insel ist mit 126.700 Quadratkilometer zwar relativ groß, aber die landwirtschaftlich nutzbare Fläche beträgt nur etwa sieben Prozent. Das ist viel zu wenig für die Bevölkerungszahl, um die Ernährung sicherzustellen.
Im Gegenteil: Es kommen immer mehr Indonesier nach Java, um Arbeit zu finden, vor allem in der Millionenstadt Jakarta. Sie ist die Hauptstadt Indonesiens und zugleich Hauptstadt der Provinz Java.

Um die Anbaufläche zu erweitern, werden Brandrodungen durchgeführt.
Dadurch gewinnt man zwar Boden, den man mehrfach nutzen kann; der Boden trocknet aber aus.
Dadurch, dass Wälder gerodet werden, bleibt der Regen aus.

Es gibt aber auch staatlich genehmigte Waldrodungen, um Edelhölzer zu exportieren.
Wie viel Wald für die Möbelindustrie stirbt, darüber gibt es keine verlässlichen Zahlen.

Wie viel Wald stirbt für die Papierindustrie?

Jeder Verbraucher in Deutschland soll jährlich 240 Kilogramm (Zahlen schwanken) Papier verbrauchen. Papier also im Überfluss?

Täglich vollgestopfte Briefkästen mit Reklamesendungen, die meist ungelesen sofort in der Mülltonne verschwinden.

Ist die Erde in Gefahr? Droht unser Paradies - unsere „grüne Lunge", die Lebensgrundlage für alle Lebewesen, auch für uns Menschen - im dunklen, eiskalten Weltall unterzugehen?

Papier im Überfluss?

In Indonesien selbst geht man mit dem Rohstoff Papier sparsam um.
Schulbücher werden, wie in Deutschland nach dem Zweiten Weltkrieg, der nächsten Schulklasse geordnet übergeben.
Im Osten Deutschlands, in der ehemaligen DDR, wurde sogar das Packpapier für Weihnachtspakete mehrfach verwendet.
Auch das Geschenkpapier wurde mehrmals genutzt und für das nächste Fest „gebügelt".
Weihnachtsgeschenke wurden nicht im „Ritsch-Ratsch"-Verfahren geöffnet und in die Stubenecke geworfen.

Die **Hauptstadt Jakarta** ist ein Magnet auf der Suche nach Arbeit.
Jede Tätigkeit wird angenommen.
Müllkippen werden nach Brauchbarem durchwühlt, Gefundenes wird Recycling-Firmen zugeführt.

Hunderttausende sind in der Hauptstadt obdachlos.
Im Bahnhofsbereich übernachten jede Nacht 40.000 Kinder.
Die Menschen leben zwischen Gleisanlagen.
Tausende, die hier ihr Baby zur Welt bringen, ihre Notdurft verrichten, essen und trinken.
Kommt ein Zug, räumen sie schnell die Gleise.

Das moderne Jakarta erscheint tagsüber im Glanz.
Bunt gekleidete Frauen lassen die Stadt elegant erscheinen.

Anders am Abend, wenn die Dunkelheit einsetzt.
Die „Scheinwelt" erwacht: Prostitution, Autos, Drogenhandel.

Borobodur bei Sonnenaufgang

Es ist 04.00 Uhr morgens, als wir zur größten buddhistisch-hinduistischen Tempelanlage der Welt aufbrechen. Eine Tempelanlage auf einer Insel, die zu 70 Prozent islamisch ist.

Schemenhaft die Tropenwälder auf dem Weg nach Borobodur.
Es ist Nacht, und die Natur schläft noch.

Der Wald „dampft". Dampfwolken wie Nebelschwaden auf den Baumwipfeln.

Es ist noch dunkel, als wir Borobodur erreichen.
Ich leuchte mit der Taschenlampe in die Tempelanlage und sehe „glühende" Augen von Affen. Affen, die in der Tempelanlage umherspringen. Keine Affenschreie.
Es ist still, die Natur ruht noch.

Die ersten Vogelstimmen vermitteln Aufbruchstimmung.
Vogelstimmen, die den Sonnenaufgang ankündigen. Erst einzelne „Piepstöne", dann ein Konzert. Der neue Tag beginnt.
Der „Dunstschleier" löst sich auf.

Die Tempelanlage erstrahlt im frühen Sonnenlicht.
Ein riesiger, quadratischer Komplex, der sich in jeder Richtung über 123 Meter ausbreitet.
55.000 Kubikmeter Steine sollen verbaut worden sein.

Stufen, die zum Mittelteil der Anlage führen.
72 glockenförmige „Kegel", die wie Hütchen in der Anlage platziert sind.
In den verschlossenen „Glocken" sollen sich Buddha-Statuen befinden.
Von hier aus führt eine Treppe bis zur Spitze.

Borobodur ist wie Machu Picchu im Laufe der Jahrhunderte untergegangen und von der Natur unter sich begraben worden. Warum

Buddhistische Tempelanlage von Borobodur

weiß man nicht.
Die Tempelanlage wurde 1814 zufällig durch den britischen Forscher Thomas Stamford Raffles wiederentdeckt, eine buddhistisch-hinduistische Tempelanlage inmitten islamischer Kultur.

Auf Java herrscht der gemäßigte Islam.
Seine Anhänger sind mit der Natur verbunden. Sie leben praktikabel und fühlen sich nicht der reinen Lehre unterworfen.
Im Reis sehen sie die „Seele" des Glaubens, die man nicht verletzen darf. Schließlich ist Reis das Grundnahrungsmittel für die Menschen.

Die „Doña Montserrat" verlässt den Hafen von Jakarta und nimmt Kurs auf Borneo. Zwei Seetage liegen vor uns, bei Musik und Tanz. Am Abend ist „Lady-Wahl". Es ist der Tag für Frauen, Andrang im Friseurladen.

„Bord-Lady" wird eine stabile, rotwangige Münchnerin mit Herrenschnitt. Sie war nicht im Frisiersalon.

Sie strahlt wie eine Rose mit Grübchen und heißt „Rosi". Sie wird die Bord-Lady.

Wo sie in München wohne? Schlagfertig ihre Antwort: „Postlagernd!"

Als Preis erhält sie einen Gutschein über 500 D-Mark, damals mehr wert als heute 500 Euro.

Borneo - Auf den Spuren der Menschenfresser

Es ist 06.00 Uhr früh, als das Schiff vom Meer kommend auf den Fluss „Sungai Sarawak" zusteuert. Der Himmel ist schummrig und farbig von Blut durchtränkt. Eine Mischung seltener Farbtöne, als würde der Himmel brennen.

Es ist feucht-heiß. Mangrovensümpfe.

Einbäume, die wie Pfeile am Schiff vorbeihuschen.

Am Horizont die Umrisse von Kuching, der Landeshauptstadt des malaysischen Bundesstaates Sarawak.

Borneo im malaiischen Archipel ist die größte Insel Asiens und nach Grönland und Neuguinea die drittgrößte Insel auf der Erde.

„Auf den Spuren der Menschenfresser" - unter diesem Namen läuft die Exkursion.
Menschenfresser, die man auch „Kopfjäger" nennt.

Dichter Urwald, knubbelige Bäume.
Ein Wald, der 150 Millionen Jahre alt sein soll.

Kein Mensch, kein Tier, dem wir begegnen.
Affen, die aus dem dichten Gehölz äugen.
Umgefallene Bäume, die den Weg versperren. Wir müssen halten, um sie beiseite zu schaffen.

Uns bleibt beinahe das Herz stehen, als zwei wild aussehende Männer mit nacktem Oberkörper, stechenden Augen und bewaffnet mit einer Machete plötzlich aus dem Dickicht springen. Wild aussehende Typen mit groben Gesichtszügen, blutverschmierten Händen und Blut am Mund, als hätten sie gerade ein Tier erlegt und das rohe Fleisch gegessen.
Über der Schulter tragen sie einen Knüppel, an dem ein Beutel hängt.

Ich winke ich ihnen zu und signalisiere das Victory-Zeichen, das nicht nur hier, sondern auch anderswo auf der Welt als Zeichen der Freundschaft gilt. Ein leichtes Lächeln geht über ihre Lippen.

Der Fahrer gibt Gas.
Der Weg ist sumpfig und feucht. Nach drei Stunden Fahrt erreichen wir das Dorf „Kampong Segu", in dem der Volksstamm der „Iban" lebt. Sie sind Nachkommen der Menschenfresser.

Ein Dorf, das komplett auf Stelzen steht, weil der Untergrund feucht ist und von Ungeziefer, Schlangen, Ratten, usw. heimgesucht wird. Die Unterwelt des Urwalds.
Spielende Kinder, die Hausschweine jagen.
Frei umherlaufende Hunde.

Blick auf das Dorf der früheren Menschenfresser

Über eine „Treppe" gelangt man in das auf Stelzen stehende Dorf. Die Treppe besteht aus einem Baumstamm, in den Kerben als Stufen eingehauen sind.

Treppe

Ein Balanceakt, die Treppe zu besteigen. Treppen teilweise ohne Schutz.

Oberhalb findet das dörfliche Leben statt.
Bambusrohre, kreuz und quer gelegt, ohne einen Nagel verwendet zu haben. Ein geschlossenes, schwankendes Geflecht der „Straßen" bzw. Wege.

Häuser an der Bambus-Straße

Bambus-Straßen

Ein ständiges Wippen und Ausbalancieren.
Selbst „Schmidtchen Schleicher" mit den „elastischen Beinen" hätte Schwierigkeiten zu gehen.

Aneinandergelegte Bambusrohre führen zu den Langhäusern.
Häuser, die an- bzw. ausgebaut werden, wenn die Familie größer wird.

Warum nennt man die Menschenfresser „Kopfjäger"?
Heiratswillige junge Männer, die sich im Dorf ein Mädchen zum Heiraten suchen wollten, mussten in einem verfeindeten Stamm eine Person töten und den Kopf als „Trophäe" (Beweis) mitbringen.

Erst dann durfte er innerhalb des Dorfs 14 Tage alle Mädchen „ausprobieren". Er musste sich aber für ein Mädchen entscheiden!

Nachrichtlich sei erwähnt, dass man Menschenfresser in Spanien als „Cannibalisten" bezeichnet.

Was sind Langhäuser?
Stellt sich Nachwuchs ein und die Familie wird größer, benötigt man mehr Wohnraum. Die Häuser (Hütten) müssen erweitert werden. Man baut an. So entstand der Begriff des „Langhauses".

Geburten erfolgen an Ort und Stelle.
Dabei geht es recht robust zu. Die Nachgeburt wird auf praktikable Weise „entsorgt", indem man sie einfach unter die Hütte wirft. Dort wartet schon die „Unterwelt des Urwaldes".

Übernachtung im Langhaus.
Die Einheimischen sitzen circa bis 21.30 Uhr vor ihren Langhäusern und plaudern.
Wenn die Sonne untergeht, wird es dunkel. Strom gibt es nicht.
Das Langhaus besteht aus einem Raum, in dem die einheimische Familie mit uns übernachtet.
Jeder hat sein „Schlafeckchen". Eine Decke mit einer Schlafmatte.
Bis 01.30 Uhr schlafe ich nicht ein, höre auf jedes Geräusch. Es knistert und knastert, als wollten die nachtaktiven Tierchen das Langhaus einnehmen. Es steht ja auf Stelzen. Es ist unheimlich, denn ich habe Angst vor Schlangen. Die Moskitos summen, und das Geräusch wird lauter. Sie wollen nur eines: unser Blut!

Ich schwitze, die Luft ist stickig-warm. Oder ist es „Angstschweiß"? Dann „nussel" ich doch ein.

Gegen 09.00 Uhr morgens ist es schon brütend heiß und stickig. Alle sind froh, nach Kunming zurück zu fahren und auf dem Schiff sich erholen zu können.

Die „Doña Montserrat" nimmt Kurs auf Singapur.
Adé, Borneo!

Singapur

Ein klangvoller Name.
Singapur, ein Stadtstaat mit strahlender Wirkung!
Autoritär, wirtschaftlich gesund und ein Staat, in dem sich die Bürger aller Rassen wohlfühlen.
Eine positive Integration vieler Stammesrichtungen, Kulturen und Religionen, die hier miteinander friedlich zusammenleben.

Die Menschen fühlen sich hier keineswegs unterdrückt, auch wenn einige Vorschriften unter westlicher Kritik stehen.

Singapur ist die sicherste Metropole der Welt.
Die fünf Sterne auf der Nationalflagge symbolisieren Singapurs Ideale: Demokratie, Frieden, Fortschritt, Gerechtigkeit und Gleichheit.

Vom Westen kritisiert, nur weil die klassische Dreiteilung im Staatengebilde fehlt, die die Demokratie auszeichnet.

Singapur ist ein relativ kleiner Stadtstaat, der in West-Ost-Richtung 44 Kilometer und in Nord-Süd-Richtung 23 Kilometer misst. Der Stadtstaat besteht aus einer Hauptinsel, drei größeren und 58 weiteren, kleineren Inseln.

In Singapur endet die „Kreuzfahrt von Traum zu Traum".
Von Manila bis hierhin hat das Schiff 3.110 Seemeilen (ca. 5.760 Kilometer) zurückgelegt. Der Kapitän und die Schiffsleitung verabschieden sich von den Gästen mit einem Glas Champagner und einem Kapitänsdinner mit asiatischen Spezialitäten.

Traumhafte Hafeneinfahrt

Es ist gegen Abend, als die Doña Montserrat bei Dämmerlicht durch ein Spalier hunderter erleuchteter Schiffe fährt, die auf Reede liegen. Eine romantische Lichtermeer-Kulisse.

Ausschiffung am nächsten Morgen, und die ist alles andere als traumhaft. Aber das ist auf Schiffen immer so.
Koffer und Gepäckstücke liegen in den Gängen.
Aufgeregte Passagiere, die zwischen all den Gepäckstücken ihre eigenen suchen.

Für die meisten geht die Traumreise mit dem Rückflug nach Deutschland zu Ende. Für uns noch nicht. Wir bleiben noch ein paar Tage in Singapur und fliegen dann weiter nach Thailand.

Eindrücke einer leuchtenden Metropole

Vom Hotel „Imperial Oberoi" unternehmen wir täglich Ausflüge.

„Singapur" heißt wörtlich übersetzt „Löwenstadt". Der Name besteht aus den Worten „Singha" (Löwe) und „Pura" (Stadt). Ihr Symbol ist ein Löwe.
Nach einer Legende sollen die Eroberer im 14. Jahrhundert Löwen angetroffen haben, aber in Wirklichkeit sollen es Tiger gewesen sein.

Heute sollen etwa 6 Millionen Einwohner in Singapur leben.
Man baut aus Platzgründen, wie in Hong Kong, in die Höhe.
Nach dem Vorbild der Niederlande will man dem Meer Land abgewinnen.

Singapur ist keineswegs eine mit Hochhäusern und Wolkenkratzern „überladene" Stadt. Man achtet darauf, ausreichend Grünflächen zu haben.
Gepflegte Parks und Gärten mit Orchideen. Grüne Oasen.
Eine Kette guter Hotels und Gastronomie. Trotzdem eine Vielzahl von Garküchen und kleine Märkte mit dekorativen Ständen.

Kunstvoll dekorierte Obst- und Gemüsestände

Ein Staat, der viel in die Bildung investiert und nicht mit jahrzehntelangen „Schulexperimenten" hantiert.
Schülerinnen und Schüler, die gleich nach dem Unterricht im Freien lernen.

Gleich neben der Schule Hotels mit außergewöhnlicher Bauart.
Im „Marina Bay Sands"-Hotel befindet sich in einer Höhe von 200 Meter eine geschwungene Dachkonstruktion wie eine Bananenschale. Auf dem Dach befindet sich ein großer Swimmingpool, man spürt kaum, dem Himmel schon so nah zu sein.

Lernen nach dem Schulunterricht

Ja-Wort in 37 Minuten

In einer Höhe von 165 Meter kann man sich das „Ja-Wort" geben. Um zu heiraten kann man sich auf dem Riesenrad in Singapur in 37 Minuten das Ja-Wort geben. Das ist genau die Zeit zwischen Ein- und Ausstieg.
Die Höhe von 165 Meter entspricht der Höhe eines Hotels mit 42 Stockwerken.

Am Riesenrad hängen 28 Gondeln. Sie sind je 16 Tonnen schwer. Jede Gondel ist sieben Meter lang und bietet genug Platz für 28 Menschen.
Schließt die Kabine beim Einstieg, gibt es kein Zurück mehr.

Die Stadt ist blitzblank.
Man sagt, man könne vom Boden essen - so sauber sei die Stadt.

Beispiele für Ordnung und Sauberkeit:
Für jede Zigarettenkippe, die achtlos weggeworfen wird, zahlt man 500 Singapur-Dollar (entspricht ca. 330 Euro).
Für jeden heruntergefallenen Papierschnipsel zahlt man umgerechnet 250 Euro.
Unarten, wie das Urinieren in Aufzügen wurden erfolgreich bekämpft. Man baute in die Aufzüge „Urin-Sensoren" ein, die Uringeruch sofort registrieren und den Aufzug stoppen. Auf diese Weise fasste man jeden „Aufzugpinkler".
Drogenhandel wird hart bestraft, bis hin zur Todesstrafe. Ein 26-jähriger Niederländer, der mit Ecstasy-Pillen geschnappt wurde, erhielt 15 Stockschläge und 20 Jahre Haft.
Auch Drogenkurieren droht die Todesstrafe.

Die Bevölkerung Singapurs sind überwiegend Auslands-Chinesen.
72,9 Prozent der Einheimischen sind Chinesen, 14,2 Prozent stammen aus Malaysia und 7,2 Prozent aus Indien.
Die Menschen sprechen als Landessprache malaiisch, die Verkehrssprache ist Englisch.

Das Wahlalter beträgt 21 Jahre, es besteht Wahlpflicht.

Singapur hat viele Lebensformen zu bieten.
Die „Bugis Street" war bis in die 1980er Jahre Treffpunkt der Transvestiten und ihrer Verehrer.

Vom Geschlechterempfinden hat der Mann Gefühle einer Frau. Das gibt es auch umgekehrt.

Nicht nur Männer kokettierten in Frauenkleidung und Schminke, sondern auch Frauen in Männerkleidung.

Männer in festlichen, langen Abendkleidern. Sie waren derart perfekt fraulich „ausgeschmückt" und in ihrer Verhaltensweise weiblich, dass man äußerlich keinen Unterschied mehr erkennen konnte. Angefangen von künstlichen Wimpern bis hin zu rot lakkierten Fingernägeln.

Manches „Mädchen" entpuppte sich unverhofft als Mann.

Unser nächstes Ziel der Traumreise ist die Insel Penang in Malaysia, nur drei Seemeilen von Singapur entfernt.

Eine Fähre bringt uns zur Trauminsel.

Singapur adé!

Trauminsel Penang (Malaysia)

Penang heißt übersetzt „Glück".
Eine Woche Ruhe und Erholung. Sonne, blaues Meer, weißer Strand, Palmen, Fischer und Hütten in einer Bucht mit ansteigenden Bergen.
Ein kleines Hotel am Strand mit großer Frühstücksterrasse unter Palmen.
Stets eine leichte Meeresbrise.

Geht am Abend die Sonne unter, erleben wir die schönsten Sonnenuntergänge.
Hotel und Terrasse sind mit bunten Lampions geschmückt.
Tropische Luft und eine Brise, ein leises Rascheln der Palmenblätter.

Schreck in der Morgenstunde

Wir sitzen auf der Terrasse unter einer Palme und genießen das Frühstück, als plötzlich aus dem „Palmendach" eine Schlange „unangemeldet" fast in die Teetasse von Kumpel Hans fällt.
Blitzschnell ist sie weg und verschwindet in der Hecke. Eine giftige Schlange von etwa 50 Zentimeter Länge. Auch sie muss sich wohl erschrocken haben.

Wie alltäglich eine Strandwanderung. Wir werden von drei Hunden begleitet. Sie passen auf uns auf. Setzen wir uns unter eine Palme, platzieren sich die drei Hunde um Hans. Der schmunzelt nur.
Sobald Hans am Strand erscheint, tauchen sie auf.

Die Reise von Traum zu Traum geht mit dem Flug nach Bangkok, der Hauptstadt Thailands, weiter ...

Thailand - schillernd und in Wirklichkeit

Das Land ist reich an Höhepunkten und kulturellen Einrichtungen. Es ist ein Königreich, auf das ich später genauer eingehen werde. Man nennt Thailand auch „das Land des Lächelns".

Nichts davon ist bei der Ankunft zu spüren.
Hektische Taxifahrer im Flughafengebäude, die stürmisch auf den Fluggast zulaufen, um ihn in die Hauptstadt Bangkok zu fahren.

Chaotischer Stadtverkehr in Bangkok.
Wohin man auch schaut: Autos, Autos und nochmals Autos. Staus von morgens bis in die Nacht hinein. Die Stadt ist mit Fahrzeugen zugestopft.
Eine scheinbar unendliche „Blechlawine". Meter für Meter schiebt sich die Blechlawine aus Fahrzeugen - von einem Stillstand zum nächsten. Ein Meer von Rücklichtern und stinkenden Auspuff-

rohren. Dazu ein permanentes Hupen.
Autos, Stadtbusse, Motorräder, Tuk-Tuks. In der „dickflüssigen Masse" sind auch Lkw.
Es wird gehupt, was das Zeug hält. Die Hupe scheint das Einzige zu sein, was funktioniert. Irgendwie hupen die Fahrer auch aus Langeweile, um sich die Zeit zu vertreiben.

Klapprige Fahrzeuge, als seien sie nur „zusammengeklebt".

Kommt eine Ampel, so wird „Rot" nur als eine Farbe wahrgenommen; nicht etwa um ein Mittel, um den Verkehr zu steuern.

Auch die durchgezogenen Linien auf den Straßen sind bedeutungslos.
Mit Risiko wird überholt. Man fährt einfach drauflos!

Sollte gerade eine Ampel kommen, die auf „Rot" geschaltet ist, gibt man erst recht Gas, um das „Hindernis" zu überwinden.

Mit den Tuk-Tuks zu fahren ist zwar billig, aber äußerst gefährlich. Wie „Mücken" mogeln sie sich in den Verkehrsfluss: in die kleinste Lücke hinein, Zentimeter für Zentimeter.
Bei den dreirädrigen Tuk-Tuks ist die tödliche Unfallquote besonders groß. Kommt es zu einem Unfall, an dem ein Ausländer beteiligt ist, hat grundsätzlich der Ausländer Schuld.
Eine Verkehrssicherungspflicht gibt es nicht.

Mit einem vierrädrigen Taxi ist man sicherer.

Taxis tragen das Schild „Taxi-Meter". Sie haben außerdem meist eine Klimaanlage und mit dem Schild kontrollierte Preise.

Taxifahrer mieten für den Tag selbst ein Taxi.
Alles, was der Fahrer einnimmt, ist sein Verdienst. Trotzdem fahren einige Fahrer Umwege, um die Fahrt teurer zu machen.

Abenteuerlich ist auch der öffentliche Busverkehr.
Man springt auf und nach dem Erreichen des Ziels während der Fahrt wieder ab.
„Mitfahrer" hängen sich ans Außengestänge. Wie Trauben baumeln sie an den Außenstangen.

Quirlig ist das Leben auf den Bürgersteigen. Menschenmassen, die unterwegs sind, stehen bleiben oder weitergehen.
Menschen, die plötzlich den Bürgersteig verlassen.

Frauen mit Täschchen oder Einkaufstüten.

Ramschläden, die tropische Genüsse versprechen.

Imbissstände und Garküchen.
Es wird gekocht und gebrutzelt. Das Essen ist scharf.

Brettervernagelte Klein-Restaurants mit ein paar Tischchen und Stühlen.
Küche und Stehtoilette liegen nebeneinander, aber das Essen schmeckt würzig.

Restaurants mit hübschen Kellnerinnen, die man für Stunden „ausleihen" kann. Dafür ist „Mama-san" zuständig.

Überall begegnet man „Engelchen".
Bangkok trägt auch den Beinamen „Stadt der Engel" (Krong Thep).

Geheimnisvolle Thai-Massage

Die Thai-Massage ist eine besondere Art zu massieren.
Nicht nur mit den Händen wird massiert, sondern auch mit den Füßen. Dabei steht die Masseuse mit ihren Füßen auf dem Körper.

Die Mädchen sitzen in der Regel hinter einer großen Scheibe und tragen ein Nummernschild. Man kann sich also aussuchen, von welchem Mädchen man massiert werden möchte, wobei die Masseurinnen nicht die Kunden sehen können, die Kunden aber die Thai-Mädchen.
Entscheidet man sich für ein Mädchen, lässt man den jeweiligen Namen aufrufen. Die Masseuse erhebt sich, nimmt den Kunden an die Hand und führt ihn in hintere Räume. Doch zunächst nimmt sie einen keimfreien Beutel mit Utensilien sowie einen Bademantel und ein Badetuch mit.
Der Kunde wird nackt ausgezogen und duscht.
Im Massageraum rieselt leise Musik von der Decke, sachter Lichtschein.

Entspannte Atmosphäre, die plötzlich durch ein Horn unterbrochen wird. Die Thai-Massage ist beendet, es sei denn, man wünscht eine „Spezial-Massage".

Das Thai-Mädchen verabschiedet sich mit dem buddhistischen Gruß.

Mutig ist eine deutsche Frau, die wissen will, warum die Thai-Massage für Männer derart anziehend ist.
Ihre Masseuse heißt „Navara", ist 24 Jahre alt und hat einen vierjährigen Sohn.
Navara bewundert den Umstand, dass man die Schwangerschaftsnarben kaum sieht. Nun ja, nach 20 Minuten ist die Massage beendet.

Erwähnen möchte ich, dass sich die meisten Thai-Mädchen aus reinen Existenzgründen dem Massagegeschäft widmen. Sechzig Prozent der Menschen in Thailand sind arbeitslos, besonders auf dem Land.
Schlepper sind unterwegs, um den Mädchen in der Stadt Arbeit zu beschaffen.
In Wirklichkeit landen die Mädchen in der Prostitution, manchmal auch mit Wissen des Elternhauses, und zwar aus reiner Existenznot.

So ruhig und harmonisch es bei der Thai-Massage zugeht, so lautstark ist die Kulisse beim Thai-Boxen.

Volkssport Thai-Boxen

Ein großes Spektakel, bei dem es hoch her geht.
Man boxt unorthodox. Blitzschnell ändern sich die Richtungen.
Mit allen Gliedern wird geboxt.
Man boxt natürlich mit Boxhandschuhen, aber auch mit nackten Füßen, mit Ellbogen und Knien.
Es scheint alles erlaubt zu sein; trotzdem gibt es Vorschriften.

Brutale Schläge, das Volk johlt.
Grölen bei jedem Schlag, ob er sitzt oder nicht. Hauptsache, es „knallt".
Der Kampf verläuft über fünf Runden.

Das Interesse am Thai-Boxen ist so groß, wie bei uns am Fußball.

0:0 - und ein Fußball-Wunder

Doch auch in Thailand wächst das Interesse am Fußball.
Ein deutscher Fußballprofi, von Beruf Diplom-Ingenieur (hat aber nie in seinem Beruf gearbeitet), spielte einst beim 1. FC Nürnberg, 1. FC Köln und Wuppertaler SV. Er trainierte mehr als ein Jahrzehnt die thailändische Fußball-Nationalmannschaft.

Viele Bundesligavereine flogen über die Drehscheibe Bangkok nach Asien. Der deutsche Fußballtrainer betreute die Mannschaften in Bangkok.

Neben seiner Aufgabe als Fußballnationaltrainer war er noch Sportlehrer an der Internationalen Schule in Bangkok und besaß das „Haus München" mit deutschem Essen. Hier wurde die Bundesliga-Tabelle stets aktualisiert.

Der 1. FC Köln nahm sogar zweimal an einem Fußballturnier in Bangkok teil, und zwar 1971 und 1972.

Eine Festzeitschrift wurde herausgegeben. Fußballexperten wie Pelé sowie FIFA-Schiedsrichter waren zu Gast.

Zu den Programmpunkten gehörte unter anderem die Besichtigung der Amarit Brauerei am Fluss Chao Phraya.

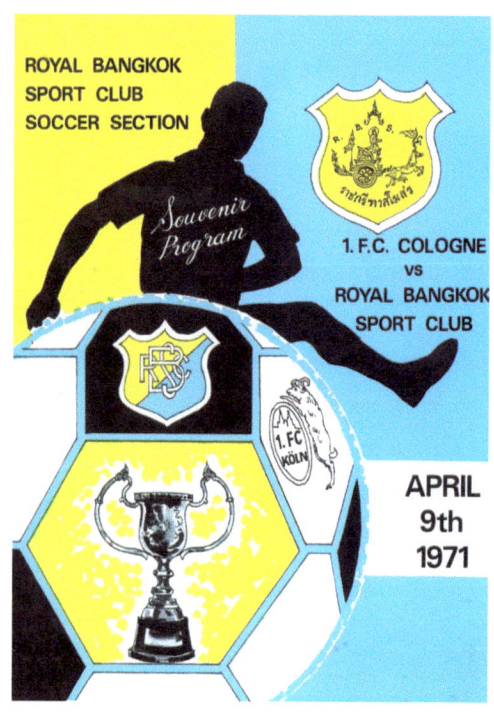

Die Fischer spielten auf ihren Musikinstrumenten, flötenartigen Instrumenten aus Bambusrohren.

Der Trainer erzählte von der Mentalität der Thai-Spieler, die am

Die Khaen ist ein flötenähnliches Musikinstrument aus Bambusrohren

liebsten nur spielen würden, ohne taktische Varianten annehmen zu wollen.

Ein Fußballländerspiel gegen Indonesien ging in Jakarta 0:0 aus. Ein robustes Spiel. Als sich beide Mannschaften in der Mitte des Spielfelds verabschiedeten, versetzte der thailändische Spielführer einem indonesischen Spieler einen Faustschlag. Die Spieler rauften sich; Tumulte im Stadion.

Ich frage ihn, was er getan habe. „Nichts!", antwortet er. Der Trainer blieb auf seinem Trainerstuhl sitzen, er mischte sich nicht ein. Nach der Rauferei liefen die Thai-Spieler zur Trainerbank und verbeugten sich mit buddhistischem Gruß. Damit hatte er nicht gerechnet. Er schmunzelte und lächelte.
Genau das war der Punkt, der ihm große Achtung bei den Spielern einbrachte und deren Mentalität traf. Seit diesem Zeitpunkt hatte er keine Mühe mehr, die verspielten Nationalspieler erfolgsorientiert zu trainieren.
Mit ihm sind wir auf einer Bootsfahrt auf den Klongs.

Was sind Klongs?

Klongs sind Wasserstraßen, die als Transportweg dienen.
Im Gegensatz zum Straßenverkehr geht es auf den Klongs recht gemächlich zu. Die Boote gleiten voll beladen mit Gemüse, Obst, usw. durch das stille Wasser.
Nur in den Morgenstunden geht es lebhafter zu, wenn die flachen Boote voll beladen mit Bananenstauden, Kokosnüssen, Tomaten und anderen tropischen Früchten zu den Märkten fahren.
Auch Boote mit Textilien, Hängematten, usw.
Fahrende Garküchen. Düfte, denen man kaum widerstehen kann.

Unsere Bootsfahrt beginnt am Morgen am Hotel „Oriental".
Eine vergnügte Fahrt mit „Thai-Whisky", der aus Reis hergestellt wird.

Die Klongs werden enger. Eine üppig wachsende Vegetation.
Hütten auf Stelzen und eine Treppe, die unmittelbar ins Wasser führt.
Frauen und Kinder bei der Morgenwäsche. Frauen in Kleidern, die im Wasser stehen.

Hier und da springen Kinder auf unser Boot, um ein Stückchen mitgenommen zu werden. Ist ihr Ziel erreicht, springen sie mit einem Kopfsprung ins Wasser und schwimmen ans Ufer.

Zwischen Palmen liegende einfache Hütten und „Restaurants" mit

einer riesengroßen Pfanne. Scharfe Kräuter, ein bisschen Fleisch und Gewürze lassen das Ganze mit leckerem Duft brutzeln. Hinter der großen Pfanne steht eine rundliche Frau mit strahlendem Gesicht. So gut schmeckt auch ihr Essen.
Wir sitzen auf Holzbänken am Ufer und speisen.
Das Essen ist so scharf, dass ich am nächsten Tag Halsschmerzen habe.
Der Briefträger bringt Post mit einem Boot.

Giftige Schlangen

In Bangkok kommt es jährlich zu Überschwemmungen, so dass Stadtviertel unter Wasser stehen.
Das Hochwasser beschert den Einwohnern große Schwierigkeiten, denn mit dem Wasser kommen auch viele Schlangen, die aus ihren Verstecken fliehen und durch Rohre und Leitungen in die Haushalte gelangen.

Die Stadt Bangkok liegt sowieso auf einem feucht-sumpfigen Boden und soll um einen Zentimeter im Jahr einsinken.

Besuch bei den Schlangen

Am Nachmittag besuchen wir das Schlangenmuseum des Thailändischen Roten Kreuzes.
Hier erleben wir live, wie Giftschlangen „gemolken" werden. Damit ist das Abzapfen von Schlangengift gemeint.
Drei Männer halten die Schlange, der eine am Hals, der zweite am Schwanz, während der Dritte das Gift aus den Hohlzähnen abzieht, die mit der Giftdrüse verbunden sind.
Das Gift wird zur Herstellung von Impfstoffen und Gegengiften verwendet.
Eine Schlange kann in 14 Tagen mehrmals gemolken werden.

Das Schlangengift soll eine unglaubliche Wirkung haben.
Es hilft als Gegengift nach Schlangenbissen, bei chronischen Entzündungen (z.B. Rheuma), Asthma oder Migräne.

Welche Symptome treten nach einem Schlangenbiss auf?
Es kommt auf die Art der Schlange an.

Schlangen haben keine Glieder. Warum, das weiß man nicht. Erstaunlich, dass sie schon 140 Millionen Jahre überleben.

In Thailand gibt es Würgeschlangen, wie zum Beispiel den Python, aber auch Giftschlangen, wie zum Beispiel die Kobra, die bis zu vier Meter lang werden kann.
Schlangen können schnell sein.

Wird man von einer Schlange gebissen, treten häufig bereits nach kurzer Zeit starke Schmerzen an der Bissstelle auf.
Das Gift lähmt Nervenbahnen und Körperteile, was zu Schwäche führt. Je nach Schlangenbiss fallen die Augenlider zu, Sprechen und Schlucken fallen schwer. Schließlich setzt die Atmung aus oder der Tod tritt durch Herzstillstand ein.

Wird man von einer Viper gebissen, bekommt man Nasenbluten, und der Kreislauf bricht zusammen; man wird bewusstlos.

Alles Informationen, die wir im Schlangenmuseum erhalten.

Vom Schlangenmuseum zu den prächtigen Tempeln in Bangkok.
Im Tempel „Wat Traimit" ist eine 5,5 Tonnen schwere Buddha-Statue. Sie ist etwas mehr als drei Meter hoch und besteht aus 4 Prozent Gold im Sockel und 40 bis 80 Prozent im Körper, dabei soll das 45 Kilogramm schwere Gesicht pures Gold sein.

In der Tempelanlage „Wat Pho" beeindruckt der 46 Meter lange und 15 Meter hohe, mit Blattgold verzierte liegende Buddha. Er wird auch als der „schlafende Buddha" bezeichnet.

Der prächtigste und wohl bekannteste Tempel „Wat Phra Kaeo" ist das größte Heiligtum des thailändischen Buddhismus. Hier stehen hunderte verzierter Buddha-Statuen.

Etwa 95 Prozent der Thais bekennen sich zum Buddhismus.
Ebenso hoch steht im Ansehen das Königshaus.

Bedeutung des Königreichs

Das Königshaus hat einen hohen Stellenwert. Dies ist König Bhumibol Adulyadej zu verdanken, der nach 70-jähriger Herrschaft im Oktober 2016 im Alter von 88 Jahren verstarb.

König Bhumibol hat durch seine Taten überzeugt. Er hat die Monarchie stabilisiert und gestärkt.
Bereits mit 18 Jahren bestieg er den Thron, nachdem sein Bruder auf mysteriöse Weise im Königspalast ums Leben kam.

Als junger König reiste Bhumibol kreuz und quer durchs Land, flog mit dem Helikopter in jedes Bergdorf und hörte sich die Sorgen und Nöte seiner Bürger an.
Er versprach den Bürgern nur Dinge, die er auch einhielt. Nicht wie andere Politiker, die etwas versprechen und sich dabei „versprochen haben" ...
Der König nahm die Sorgen der Brüder ernst und löste ihre Probleme. Zum Beispiel ließ er Straßen bauen. Das machte ihn beim Volk beliebt und glaubwürdig. Dieses Handeln trug wesentlich zur inneren Identifikation untereinander bei und führte zur Stabilität und Einheit des Landes.

Der König ließ alte Traditionen wieder aufleben, wie zum Beispiel die farbenprächtige „Prozession der königlichen Barken".
Eine farbenprächtige Kulisse bei Dunkelheit, die ich selbst erlebt habe.

Die Verehrung des Königshauses und des Königspaares war groß. Der König wurde in den USA geboren und begann in der Schweiz ein Jura-Studium. In Lausanne lernte er seine bildhübsche Frau kennen und heiratete sie. Mit Königin Sirikit hat er drei Töchter und einen Sohn.

Was das Königspaar so beliebt machte, ist ihre natürliche, bescheidene Ausstrahlung.
Eigentlich könnten sie in Prunk und Pomp leben. Das Königshaus ist reich.
Vom König ist bekannt, dass er ein begeisterter Segler war und mit großer Leidenschaft Klavier und Saxophon spielte.

Das Königshaus gilt als Symbol der Einheit und des Zusammenhalts der Gesellschaft.

Der König ist nicht nur Repräsentant des Staats, sondern auch dessen moralische Instanz.
Er übt auf Regierung, Militär und Bürger einen großen Einfluss aus. In seiner Persönlichkeit vereinigt er nicht nur das Staatsoberhaupt, sondern auch den „Oberhirten" des buddhistischen Glaubens. Der König ist auch Oberbefehlshaber der Streitkräfte.

„Untertanen" sind in seinem Selbstverständnis Regierung, Militär und Bürger.
Das kommt auch in der Sitzordnung zum Ausdruck. Bürger, Militär und Regierung hocken vor dem Thron auf dem Boden. Der König sitzt erhoben vor ihnen auf dem Königsstuhl.

Die Achtung des Königshauses kommt auch in der Gesetzgebung zum Ausdruck.

Wer das Königspaar beleidigt, wird bestraft. Jeder Thai versteht darin keinen Spaß.

Ein Beispiel: Wer auf einen Geldschein mit dem Konterfei des Königs tritt, erfüllt den Tatbestand der Beleidigung.

Wegen Majestätsbeleidigung kann es bis zu 15 Jahre Haft geben.

Das gilt auch für die Beleidigung des Königshauses. Das Königshaus ist unantastbar.

Was wird nun, nach dem Tod von König Bhumibol?

Zunächst wurde eine einjährige Staatstrauer angeordnet.
Zeit genug, um die Nachfolge zu klären.
In der Erbfolge war eigentlich der einzige Sohn vorgesehen, aber dessen Fähigkeiten wurden wegen seines saloppen Lebenswandels kritisch gesehen. Er war dreimal verheiratet und ist dreimal geschieden. Insgesamt hat er sieben Kinder.

Nun hat sich zur Überraschung aller der Sohn des Königs, Kronprinz Maha Vajiralongkorn, entschieden, die Thronfolge anzutreten - allerdings erst, wenn das Trauerjahr vorüber ist. Als König wird er „Rama X." heißen.

Selbst in Deutschland lebende Thais trauern um ihren König.
In Köln sollen mehr als 3.000 Thais mit einer Kerze in der Hand bei einer Prozession für König Bhumibol getrauert haben.

Vom künftigen König Rama X. ist außer seinen Eskapaden bekannt, dass er mit 13 Jahren in Großbritannien die Schule besuchte und auf der Militärakademie war.
Er steuert Düsenflugzeuge und fliegt Hubschrauber.

Der künftige König lebte zeitweise in Bayern.
Dort geht sein Sohn Dipangkorn Rasmijoti (geb. 2005) in die Schule.

Golf von Pattaya: Notfall in 70 Meter Höhe

Welch ein Missverständnis! - Dazu aber gleich mehr.

Von Feierlichkeiten am Vorabend im Hotel „President" noch gezeichnet, fahren wir mit einem Linienbus zum Golf von Siam (Pattaya).
Wir hocken am nur zehn Meter breiten Sandstrand unter einer Palme und genießen die erfrischende Meeresbrise.

Etwa 40 Meter von uns entfernt beginnt am Vormittag das Fallschirmsegeln.
Ich denke, was die können, kann ich auch - und lasse mich einweisen. Die Einweiser sprechen ausschließlich Thai und erklären mir die Gesten, die sie mir beim Landeanflug anzeigen.
Kurzum: Ich muss den Fallschirm selbst in Balance bringen, indem ich entsprechend rechts oder links in die Fallschirmleinen fassen

muss, um den Fallschirm in die richtige Lage für die Landung zu bringen.
Dann muss ich noch unterschreiben, dass ich den Flug auf eigene Verantwortung unternehme.

In einem Sitzkorsett werde ich festgeschnallt, der große Fallschirm hinter mir von drei Thais gehalten.
Mit einer langen Leine bin ich am Korsett mit dem Motorboot verbunden, das mich mit Tempo nach oben zieht.
Die ersten Schritte laufe ich mit, dann zieht mich das Boot in die Lüfte. Es geht hinaus auf offene Meer.
Rohe Winde zotteln an meinem Korsett und schwenken den Fallschirm hin und her.
Eine Sicherheitsleine reißt, und ich rutsche aus der Sitzhalterung, die unter meinen Armen klemmt.

Fallschirmsegeln im Golf von Siam (Pattaya)

Ich signalisiere den Notfall zum Motorboot, aber die denken „Der winkt, also fühlt er sich da oben wohl". Welch ein Missverständnis!

Meine Beine baumeln nach unten.
In dieser Haltung überstehe ich die 15 Minuten, ehe es zum Strand zur Landung zurückgeht.

Doch während des Landevorgangs werde ich plötzlich von einer Böe erfasst, die mich über den Strand, den schmalen Palmengürtel, die Straße und die Hochspannungsleitung „katapultiert".
Die Gefahr wird von der Regie erkannt.
Sofort werde ich mit Fallschirm und Tempo erneut in den Golf gezogen, um aus der Gefahrenzone zu kommen.

Erfolgreich endet ein erneuter Landeanflug nach den Armbewegungen von unten.
Ich lande auf beiden Beinen stehend auf dem Strand.

Fazit? Es war mein erster und letzter Flug mit einem Fallschirm!

Notfall! Meine Beine baumeln ...

Affen auf Diebestour

Schon bei der Einfahrt in die Stadt steht ein Rudel Affen am Straßenrand und beäugt die Fahrzeuge.
In dem Moment, in dem ein Auto anhält, springen Affen auf die Haube. Andere schleichen um die Fahrzeuge, um durch geöffnete Fenster zu springen.
Die meisten Autofahrer sind froh, wenn sie die Affen wieder draußen haben. Dass ihnen etwas fehlt, bemerken sie häufig erst später.
Affen auf Diebestour.

Kommt ein „Töff-Töff", springen sie einfach auf die offenen Fahrzeuge und beklauen unauffällig die Fahrgäste.

Affen sind Tag und Nacht auf der Lauer, um etwas zu stehlen.
Hellwach ihre Augen.
Haben sie Durst, klauen sie Getränkedosen.

„Das kann mir nicht passieren", äußert sich ein 1,85 Meter großer Deutscher mit wulstigen Lippen und borstigen Augenbrauen. Er ähnelt vom Typ her dem ehemaligen sowjetischen Präsidenten Breschnew, wirkt tapsig wie ein Bär.

Genüsslich trinkt er in der offenen Tempelanlage sein Dosenbier.
Um ihn herum sitzen zwei Affen, die so gütig aus den Augen schauen wie er.

Blitzschnell reißt ein Affe die Bierbüchse aus seiner Hand und klettert auf den Baum. Vom Ast aus trinkt der Affe nun sein Bier. Der Affe schaut nach unten, er nach oben.

Aber er hat ja noch eine Büchse Bier und hält sie fest.
„Das kann mir nicht wieder passieren" sagt er und umklammert mit seinen Bärenhänden fest die Büchse.
Inzwischen sitzen drei Affen um ihn herum. Der eine lenkt ihn ab, der hinter ihm versucht ihm die Dose zu entreißen, aber vergeblich.
Der Affe beißt ihm in die Hand, die nun blutet.
Er fährt sofort zum Hospital, um sich auf Aids untersuchen zu lassen. Aber diese Art der Blutuntersuchung können sie dort nicht vornehmen. Er bekommt lediglich eine Spritze gegen Wundstarrkrampf.
Der deutsche „Bär" flog zurück nach Deutschland. Dort stellte man fest, dass er aidsfrei ist.

So viel Affennähe müsste für die Einwohner der Stadt eigentlich lästig sein.
Aber sie profitieren davon, dass so viele Menschen kommen, um das Affentheater zu erleben.

Zurück nach Bangkok, und Flug in den Norden von Thailand.

Der Norden, das andere Thailand

Als die zweimotorige Turboprop-Maschine der thailändischen Fluggesellschaft sich in die Lüfte erhebt, verlassen wir mit Bangkok eine Hauptstadt voller Getöse, Staus, Hupkonzerten und stickiger Luft.
Bangkok sei nicht Thailand, wird uns gesagt.

Unter uns der Fluss Menam, der sich durch eine flache Landschaft der Reisfelder schlängelt.
Nach etwa 500 Kilometern wird die Landschaft bergig.

Unser Ziel ist die 200.000 Einwohner zählende Stadt „Chiang Mai" im Norden Thailands.

Thailand ist mit 513.000 Quadratkilometer eineinhalbmal größer als Deutschland und misst in der Nord-Süd-Richtung 1.770 Kilometer.
Das buddhistische Land grenzt im Süden an das islamische Malaysia.
Es ist im Westen von Myanmar (Burma) und Laos, im Osten von Kambodscha und Vietnam umgeben.

In Chiang Mai angekommen, spürt man Ruhe.
Keine Hektik, wie noch in Bangkok.
Chiang Mai mit seinen farbenfrohen Märkten und Fahrradrikschas zeigt den ursprünglichen Zauber des Landes.

Wenig Autoverkehr und asphaltierte Straßen außerhalb der Stadt. An der Peripherie ausgetrocknete Flussarme, von Hütten gesäumt. Gehwege aus Holzlatten, die zu den armseligen Hütten führen. Vor jeder Hütte steht ein Geisterhäuschen mit Opfergaben und Räucherstäbchen. Sie sollen die Geister beschwören, gütig zu sein. Schaut man in die Hütte, hängt dort ein Bild des Königspaares. Das fehlt in keiner Behausung.

Holzhäuser am Rande der Stadt mit offenen Wänden, damit der Wind „kühlen" kann.

Die Luft ist trocken, im Gegensatz zum feucht-heißen Bangkok.
Junge Frauen in traditioneller Kleidung.

Kinder, die Kinder tragen.

Männer in Stiefeln, die eine „Schulter-Schaukel" tragen, an deren Enden Reiskörbe hängen. Junge Mädchen in traditioneller Kleidung.

Viele hübsche Mädchen mit heller Haut.
Sie sollen die hübschesten in ganz Thailand sein.

Mit Hund und Katze unter einem Dach

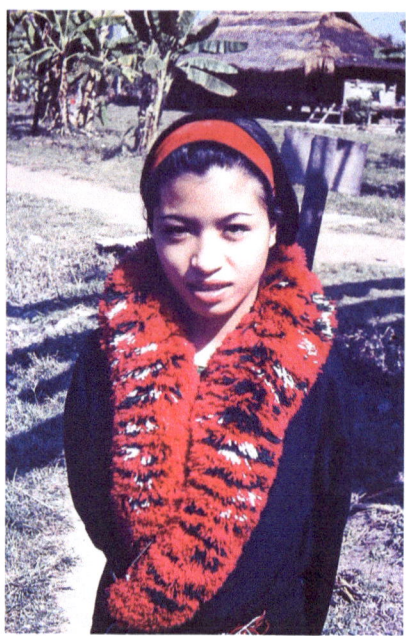

Kinder tragen Kinder   Junges Mädchen in traditioneller Kleidung

Manufakturen mit Silber- und Lackarbeiten.
Handwerkliche Betriebe mit Holzschnitzereien, metallverarbeitenden Kunststätten.
Bunte Sonnenschirme mit kunstvollen Motiven in Schirmmachereien.

Besichtigung der Tempel „Doi Suthep" und „Haripunchai".

Der Blick von einer Anhöhe ist der Blick auf eine hügelige Waldlandschaft.
Hier sollen sich noch 2.000 wild umherlaufende Elefanten aufhalten.

Metall-Kunst

Bunte Sonnenschirme

Mit den Arbeitselefanten sollen in Thailand 5.000 dieser Tiere sein.

Arbeitselefanten.
Sie sind billige und willige Arbeitskräfte sowie zuverlässige Transportmittel im Wald. Sie ersetzen Menschen und Traktoren. Elefanten überwinden leichtfüßig Hindernisse, die Traktoren im Urwald nicht bewältigen könnten.
Ihr Arbeitswerkzeug ist der Rüssel, mit dem sie am Tag 50 Baumstämme (Einzelgewicht bis 250 Kilogramm) schleppen können. Sie sind in ihrer Arbeitsleistung ausdauernd und „arbeitsfähig" vom 14. bis zum 60. Lebensjahr.
Elefanten können im Schnitt 80 Jahre alt werden, einige bis zu 100 Jahre.
Elefanten benötigen täglich 140 Liter Wasser. Mit dem Rüssel können sie für einen „Schluck" 10 Liter aufnehmen.

Die Elefanten sind nach getaner Arbeit ausgebrannt und sehnen sich nach einem Bad im Fluss. Sie legen sich von selbst auf den Rücken, um ihre Haut zu reiben und Ungeziefer aus den Hautrillen zu entfernen. Den Rest macht der Elefantentreiber mit einer Kokosnuss.

Besuch bei den Meos im Goldenen Dreieck

Der Volksstamm der Meos ist in den Ländern Thailand, Myanmar und Laos beheimatet. Er soll über 60.000 Stammesmitglieder haben. Von ihnen ist bekannt, dass sie Opium und andere Rauschgifte produzieren.
Ihre Mohnfelder liegen versteckt und getarnt in den Wäldern und Berglandschaften, in Höhen um 1.000 Meter.
Über Thailand soll der Export in die ganze Welt, vor allem in die USA und in westliche Staaten laufen.
Seit Menschengedenken lebt der Stamm der Meos vom Rauschgiftgeschäft.

Die Produktion einzudämmen - vor allem im Vietnamkrieg auf Veranlassung der USA - hatte nur eine kurze Zeit Erfolg.

Statt dessen sollten Kaffee- und Pfefferplantagen geschaffen werden.
Damit verdiente man aber zu wenig Geld.
Opium und Drogen bringen einen viel höheren Gewinn.

Unser Besuch bei den Meos ist von großem Misstrauen begleitet.

Ihre Hütten sind strohbedeckt.
Freilaufende Schweine und Hühner.

Die Männer hocken am Wegesrand und rauchen genüsslich ihre Opiumpfeife.
Ein süßlicher Geruch, der die Luft „anreichert".

Auffallend die Kopfbedeckung mit einem stoffbezogenen Rahmen aus Bambusstangen, die mit Perlen und Silbermünzen bestickt sind.

Sie sind sichtlich erleichtert, als wir mit unseren Jeeps das Dorf verlassen.

Mit dem Besuch des thailändischen Nordens ist unsere Traumreise beendet.
Wir fliegen nach Bangkok, um von dort nach Deutschland weiterzufliegen.

Sturzflug auf Teheran

Noch ahnt niemand am Flughafen Bangkok, dass der deutsche Jumbo über der Salzwüste von Persien in 10.000 Meter Höhe fast explodiert wäre.

Flughafen Bangkok, 23.40 Uhr. In Deutschland ist es 17.40 Uhr. Kurz vor 24.00 Uhr soll der Rückflug nach Deutschland erfolgen. Ausgebrannt von den Erlebnissen in Thailand und anderswo in Asien sitzen, schlafen oder lümmeln wir uns in den Sesseln. Einige sitzen noch in ihrer Badekleidung und Badelatschen.

Es folgen Durchsagen auf Thai und Englisch.
Zweimal fällt der Name „Kling Klong", ein außergewöhnlicher Name.

Nach etwa einer guten Stunde Flugzeit erfolgt eine Zwischenlandung in Karachi (Pakistan), um 85.000 Liter Kerosin zuzutanken. Erneuter Start mit nunmehr 130.000 Liter Treibstoff in den Tanks. Der Klugkapitän meldet sich am Mikrofon und gibt die üblichen Flugdaten wie Höhe, Route, usw. bekannt.

Ein ruhiger Flug, nichts deutet auf Turbulenzen oder Unregelmäßigkeiten hin.

Plötzlich Zugerscheinungen im hinteren Teil des Großraumflugzeugs, als sei ein Fenster offen, was aber nicht sein kann.

Auch die Stewardessen stellen diesgleichen fest.

Der Copilot kommt in den hinteren Teil und geht sofort ins Cockpit zurück.

Nun meldet sich der Flugkapitän und bittet die Gäste, sich anzuschnallen und Schlafende zu wecken.

An den Seitenausgängen flackernde Lichtsignale in den Farben rot und gelb.
Ernste Gesichter der Stewardessen.

Dann folgt die Anweisung des Flugkapitäns: „Flugbegleiter sofort die Sitze einnehmen!"
Die ganze Maschine vibriert in diesem Moment. Sie zittert, als würde sie jeden Moment auseinanderbrechen.

Der Flieger befindet sich über der Salzwüste von Persien (Iran), als aus 10.500 Meter Höhe der Sturzflug auf 3.000 Meter beginnt.

Was bis dahin niemand weiß: Im hinteren Teil des Jumbos ist die Rumpfhülle an einer Stelle perforiert.
Der Innendruck entspricht nicht dem Außendruck. Das Flugzeug könnte jedem Moment explodieren!

In diesem Moment fallen auch schon die Sauerstoffmasken aus der Deckenhalterung über den Sitzen.

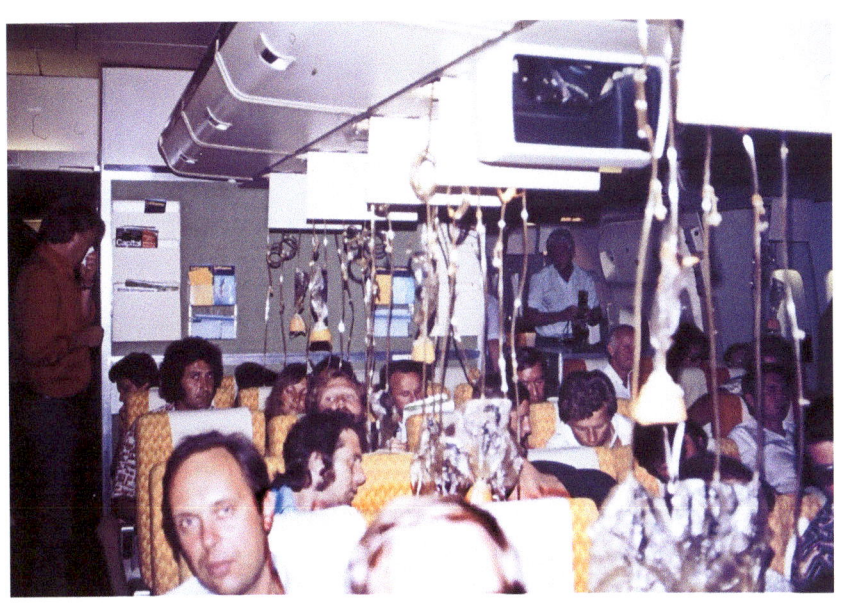

Nach der Notlandung: Sauerstoffmasken hängen herunter

Dies geschieht automatisch, wenn bei vermindertem Kabinendruck zu wenig Sauerstoff im Flugzeug ist.
Die Maske zieht man vors Gesicht, um Sauerstoff zu atmen. Dafür ist die Maske vor Mund und Nase zu ziehen. Der Kapitän bittet die Passagiere, Kindern und Alten behilflich zu sein.

Obwohl der Kapitän keine Notwasserung angegeben hat, fasse ich unter den Sitz, um die Schwimmweste herauszuholen. Warum, weiß ich nicht. Vielleicht hatte ich zu wenig Sauerstoff durch die Maske geatmet.

Ich sitze am Fenster und sehe, wie aus den Tanks Massen an Kerosin abgegeben werden.

Ein elektrischer Funke, und das Flugzeug wäre explodiert, solange nicht die 3.000-Meter-Grenze erreicht ist. Hat man die erreicht, ist der Innendruck gleich dem Außendruck. Die Explosionsgefahr wäre erheblich gemindert worden.

Der Jumbo fällt und fällt.
Als die 3.000-Meter-Grenze erreicht ist, atmet der Pilot mit einem Seufzer auf; er hatte das Mikrofon an gelassen.

Das Flugzeug umfliegt in 3.000 Meter Höhe das Elbrusgebirge und setzt zur Landung auf einem Militärflughafen bei Teheran auf.
Nach Angaben des Kapitäns hätte die Feuerwehr bereitstehen müssen, aber sie war nicht da.

Unser Jumbo musste am Rande des Flugplatzes auf der Außenbahn stehenbleiben. Aussteigen durften wir nicht, nur die Türen öffnen wegen der Frischluftzufuhr.

So verbrachten etwa 500 Passagiere und Besatzungsmitglieder 24 Stunden wie Gefangene im Flugzeug.
Der Flugkapitän ordnete an, dass sich zunächst die Passagiere der einen und dann der anderen Seite in den Gängen die Beine vertreten konnten.

Im Flugzeug wurden die Notrationen zum Essen ausgegeben.
Die Toilette quoll über und es stank fürchterlich.

Die deutsche Botschaft in Teheran wurde eingeschaltet, aber niemand ließ sich sehen.
Ob sie im Hintergrund dennoch gewirkt hat, kann ich nicht beurteilen.

Der Flugkapitän teilte mit, dass drei Flugzeuge von Deutschland angefordert worden wären. Aber es gab bei der Besetzung der Crews Schwierigkeiten, weil in Deutschland der Karneval tobte.

Inzwischen durften wir aber das Flugzeug für sechs Stunden verlassen, saßen in einer leeren Halle im Kreis auf dem Boden, aßen ein Fertiggericht, sangen und feierten unseren zweiten Geburtstag.
In unserem Kreis wurde auch eine Flasche Whisky getrunken.

Nach 48 Stunden landeten die angeforderten Flugzeuge und flogen uns zurück nach Deutschland.

Der Weiterflug nach Düsseldorf verzögerte sich dann noch um eine Stunde, weil das Flugzeug defekt war.

Marco, unser vierjähriger Junge, kam uns auf dem Heimatbahnhof mit offenen Armen entgegengelaufen ...

Bisher sind (teilweise auch als E-Book) in der Reihe „Vom Nordpol bis zum Südpol" erschienen:

ISBN: 978-3-8334-0587-7

ISBN: 978-3-8334-3161-6

ISBN: 978-3-8334-5431-8

ISBN: 978-3-8370-4804-9

ISBN: 978-3-8391-0082-0

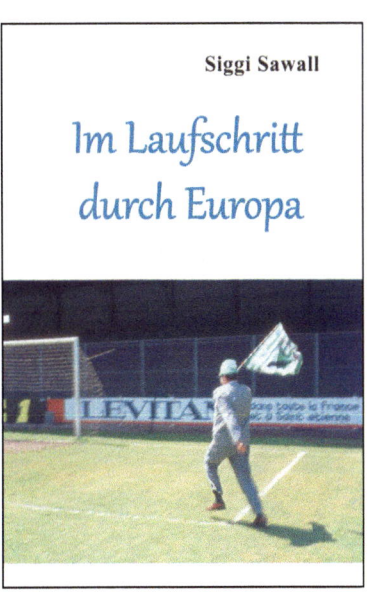

ISBN: 978-3-8423-7633-5

ISBN: 978-3-7322-8359-0

ISBN: 978-3-7347-5031-1

ISBN: 978-3-7322-4604-5

ISBN: 978-3-7412-4044-7

ISBN: 978-3-7412-6325-5

Außerhalb der Serie erschienene Bücher:

ISBN: 978-3-8391-2488-8

ISBN: 978-3-8448-0450-8

ISBN: 978-3-8482-2421-0

ISBN: 978-3-8482-6727-9